浅草芸能とゲイの近代

文化の伏流を探究す

小針侑起

えにし書房

扉・女装者 8 人の写真（『捜査と防犯』1937 年より）

はじめに

本書は大正時代から主に昭和三十年代までのゲイと性別越境に関する芸能文化、そして浅草に重点をおいた男子同性愛文化の一端についての史実をまとめたものである。

当時の歴史的背景を考察すると、戦前には「ゲイ」という言葉はなく、主に「男色」「男子同性愛者」という言葉が用いられ、戦後も昭和三十年頃までは「ソドミア」という言葉が主に使用されていた。「ゲイバー」という言葉も然りで、昭和二十年代のメディアでは「男色社交場」「ソドミア社交場」などが使われ、かびやかずひこは「男色茶房」の言葉を使用しており、「ゲイ・バア」という言葉が一般的に使用され始めるのは昭和三十年頃以降のことだ。他に「ハッテン場」などの言葉も昭和三十年代後半から使用されたものである。

しかし、本書では多くの読者の方に分かりやすく読んでいただくために、あえて現在使用されている「ゲイ」「ゲイバー」という言葉を使用したことは特に書き添えておきたい。

そして引用部分に関しては極力当時の表記のまま引用したため、一部読みにくい箇所、不適切な言葉を使用している箇所が見られるが、当時の著者の意図を尊重すべく、そのまま記載したことご理解いただきたい。

小針 侑起

浅草芸能とゲイの近代史　目次

浅草芸能とゲイの近代史

文化の伏流を探究する

1　一九二〇～三〇年代の浅草芸能と同性愛文化

浅草は江戸時代以前から浅草寺を中心として栄えた街であるが、一八七三（明治六）年に公園の指定を受け、一～七区までに区分けされたことから、その濃厚な歴史は始まったといってよいだろう。ことに六区には、それまで浅草奥山に集まっていた見世物小屋を移転させ、さらに一八八七（明治十九）年には常盤座が開業、興行街形成の発端となった。以後「浅草六区」といわれて日本の芸能の発信地となり、現在でも浅草の国際通りの信号機の標識には「浅草公園六区」の表記が残っている。

また一八九〇（明治二十三）年には東京で最も高層だった展望台・凌雲閣（通称・十二階）も建立され、当初は市民の憩いの場として人気を集めていたが、凌雲閣の周辺には私娼窟（ししょうくつ）が広がっていた。表向きは商店のように見せかけながら裏では売春を行う「銘酒屋」「矢場」「新聞縦覧所」が犇（ひし）めき、白粉臭い女のかおりが立ち込めていた。関東大震災で一掃されてしまったが、一時は新吉原を凌駕するほどの人数の女性が集まっていたともいわれている。

現在の浅草は、川向こうの東京スカイツリーや海外からの旅行者が喜ぶような施設や店舗で賑わいを見せているが、そのような浅草と一九四〇年代以前の浅草の賑わいを一緒にすることはできない。一九四〇年代以前の浅草は芸能・文学などのカルチャーの発信地であり、芸能といっても活動写真から演劇、浪曲、落語、講談、

浅草六区興行街と瓢箪池。向こうに聳え立つのは凌雲閣（十二階）。この周辺には私娼のほか多くのゲイたちが集まっていたという。1921年頃。

娘義太夫、オペラ、ジャズ、レビューと、最新の流行が逐一公演され、そこには流行に敏感な若者が集まった。

また徒歩圏内には日本一の遊廓・新吉原や浅草花街、庶民的な商店に夜店、そして嬌声が飛び交うカフェー。当時の浅草の商店は二十三、四時まで営業するのが当たり前で、一九四〇年代以前の浅草は夜の繁華街で、ときには「悪所」ともいわれていたのであった。

そこでまず、大正時代の浅草を象徴する芸能文化、浅草オペラのことから話を進めていこう。

浅草オペラの歴史

浅草オペラとは、大正時代の浅草で花開いた芸能カルチャーであり、日本におけるオペラ史の源流というべき部分である。

オペラを日本人の高級娯楽とするべく、一九一一（明治四十四）年帝国劇場の開場とほぼ同時に、日本初の民間オペラ俳優養成所であった帝国劇場歌劇部が発足したのが、浅草オペラの源流といえる。

浅草オペラの人気演目だった『カルメン』、名作オペラに観客は声援を送った。この写真は1924年にオペラ館で上演されたもの。

この帝国劇場歌劇部ではオペラだけでなく、バレエ、演劇にも力を入れていたため、後に洋劇部と改称しているが、この帝劇歌劇部の出身者にはモダンダンスの祖である石井漠（一八八六―一九六二）や高田雅夫（一八九五―一九二九）、高田せい子（一八九五―一九七七）らが含まれており、後にまで帝劇出身者というブランドは根強く芸能界で生きていた。

この帝劇歌劇部（洋劇部）は一九一六（大正五）年に解散。生徒たちは離散し、ここで幾つかのグループが生まれたのと同時期に、アメリカ帰りの舞踊家・高木徳子（一八九一―一九一九）が彗星の如く登場し、浅草に進出。一九一七（大正六）年に高木徳子一座が浅草の常盤座で上演した歌舞劇『女軍出征』は、実際に第一次世界大戦中ということもあり、伝説的大ヒットを記録し、ここから浅草オペラの時代が始まることとなる。そして『女軍出征』のヒットをきっかけに、帝劇の残党たちが浅草に集結し、一躍、浅草オペラ全盛時代を迎えることになる。

それまでの浅草では、娘義太夫、浪花節、玉乗り、歌舞伎など、放浪芸から派生した土着的な演芸が好まれ、一般的には低俗な遊び場とされていたが、そこにエリート階級の出身で西洋音楽の基礎を学び、洋服を着て舞台に立つオペラ俳優が登場したことはセンセーショナルな出来事であった。

浅草の若き観客たちは、西洋の旋律に酔いしれ、洋舞に熱狂したが、楽壇からは「オペラの堕落」と蔑まれていたのも、また事実であった。しかし、浅草オペラの俳優たちは自らの活動を「三文芸術」と称し、民衆のための芸術活動に奔走した功績は大きいといえる。なにしろ海外からの指導者が不在の中で、日本初演の古典オペラや創作オペラ、創作舞踊を浅草で続々と上演したのだから、その情熱は計り知れないだろう。

また、当時のオペラ俳優たちは現在の声楽家というイメージではなく、あくまでもアイドルという立ち位置だったために、演者も客層も若く、浅草オペラに関する記事を紐解いていくと性的なゴシップ記事がかなり多く残されているのも特徴である。例えば浅草オペラの機関誌ともいうべき雑誌『オペラ』(一九一九年創刊)では「歌劇俳優と性的生活号」「悩める青春号」「恋愛実話号」などの特集が組まれており、内容も結構露骨なことが記載されている。これは当時のメインカルチャーだった歌舞伎役者や映画俳優などにはない扱いであることから、オペラ俳優が世間からはどのような扱いを受けていたのかを伺い知ることができよう。

そのような浅草オペラでは、『シンデレラ』でシンデレラを虐める三姉妹を男優たちが演じていたのはお笑いだったにしても、ソプラノ歌手の原信子(一八九三—一九七九)や清水静子(一八九六—一九七三)、木村時子(一八九六—一九六二)が男装して舞台に立った記録が残されているのが興味深い。

このように隆盛を極めた浅草オペラであったが、一九二三(大正十二)年九月一日に巻き起こった関東大震災をきっかけに凋落の一途をたどり、昭和に入ってからはレビューや軽演劇という形式に形を変えて、オペラ俳優たちは浅草で生き続けていくこととなる。

かなり駆け足となってしまったが、以上が浅草オペラの概要である。これを踏まえて、なぜ浅草オペラを本書で取り上げたのか、解説していきたいと思う。

中性的な美少年俳優たち

浅草オペラのプロマイドや、雑誌のグラビアを見ると、中性的な俳優たちの姿が印象的である。その中でも、やはり田谷力三は特別な存在だ。田谷は一八九九（明治三十二）年生まれで、浅草オペラの全盛期である一九一九（大正八）年には二十歳前後、小顔、足が長い、中性的イケメンアイドルの走りといえる。若い頃はもとより、晩年の写真を見てみても女性用と思われるメガネをかけ、舞台上での身振りも繊細でどことなく女性的な印象を受ける（なお、田谷は二度結婚している）。

浅草オペラの代表的スター・田谷力三（1899-1988）。その中性的で美しい舞台姿は浅草芸能史の伝説となっている。1919年頃。

この田谷力三が作り上げた、洋服を着た中性的で美しい男性アイドル像は、浅草で後々まで踏襲されることになり、さらには日本におけるひとつの典型的な男性アイドル像となっていったと考えられる。

大正時代、田谷力三の人気の影響で多くの美男子スターが登場したが、ことに引っかかるのが中性的な若きダンサーたちの出現である。浅草以前

澤マセロ（右）と石田雍、当時の代表的アイドルの2人。
（『オペラ』1921年1月号より）

からの洋舞のダンサーといえば、いかにも粗削りで武骨な石井漠、美男子であるが逞しい感じのする高田雅夫が二大巨頭として存在する。そこに次世代として現れたダンサーが、北村猛夫、澤マセロ、石田雍、新井秀夫、原田勇らの若手たちであった。

彼らはいずれも年齢が十代後半〜二十代前半、歌劇団のオーディションや弟子入り志願をして舞踊家となった人々である。それぞれ高畠華宵（一八八八―一九六六）が描く美少年のごとく、華奢で線が細く、中性的な白塗り化粧を施している写真が多数残されている。

ことに当時の雑誌の投書を見ると、

「雍ちゃん僕は君が大好きだよ！　君は何でも上手だね！」

（『オペラ』一九二二年四月号）

とあり、ほかの投書を見てみても石田雍に男性ファンが多いことがわかる。浅草オペラに観客として通っていた画家の高畠華宵は、浅草オペラの舞台のスケッチを複数残しており、その中にはダンス場面を描いたものがあるが「新井と石田の足」というメモが記載されたスケッチが存在する。新井とは新井秀夫、石田とは石田雍と思われ、華宵は男性ダンサーの足に魅力を感じていたと想像することができる。

華宵と同じような目線で、男性ダンサーを見ていた男性も少なからずいたことだろう。

澤マセロのブロマイド。どこかエキゾチックな印象を受ける。1920年頃。

その中でも本書でスポットライトを当てたいのが、浅草オペラ出身の澤マセロと二村定一の二人である。二村については別項で記載することとして、ここでは澤マセロについて記載していきたいと思う。

オネエ舞踊家のはしり澤マセロ

浅草オペラのスターの歴史をたどっていく中で、特に異彩を放つ存在が「歌劇界のヴァレンチノ」といわれた澤マセロである。一九二〇（大正九）年十一月号の雑誌『オペラ』には、澤マセロが寄稿した「あたいも發展するわ」という記事が掲載されている。この文章を読むと、マセロは一人称を「あたい」といい、

「舞踏ほど六づかしいものはないと近頃つくづくさう思ふわ。踊つて居ながら踊の氣分や感じを出さうとするには随分苦心しなくちやならないの」

と、今でいうオネエ言葉で綴られている。

もちろん、これだけで同性愛者と断定するわけには行かないが、当時の書籍や雑誌の投書欄には

「女にしまほしき優男なれど人呼んで『帆立貝』と云ひ『マセロは中性だい』と云ふ。其の女らしく可愛

あたいも發展するわ

‖舞踏雑話‖

沢　マセロ

舞踏には三つの種類があると思ふわ。全然技巧でゆかうといふのと、何か感じを出さうとするのと、それから技巧と感じとの兩方を出さうとするのとだわ。

今までの日本人でこの三つにあて篏る人と云へば高田先生は技巧派の方ですし、感じを出さうとする人には死んだ高木徳子先生ひとりきりしかないと思ふわ、技巧と感じとを出さうとするのは石井漠先生と君ちやんとあたい達だわ。

舞踏ほど六づかしいものはないと近頃つく〴〵さう思ふわ。踊つて居ながら踊の氣分や感じを出さうとするには隨分苦心しなくちやならないの。見た目に形が好くつてそれでゐて感じが出てゐなくちやならないんでせう。これからの舞踏はどうしても感覺から自然に沁み出たものでなくちやならないと思ふわ。

あたいはさう考て一生懸命に勉強してるのよ。

あたいの一番好きなのは『雪音』なの。あたいは同じ舞踏を繰り返して踊るのが元から嫌ひなんだけれども、『雪音』だけは幾度だつて喜んでをどる

歌劇雑誌『オペラ』（1920年11月号）に掲載された澤マセロの「あたいも發展するわ」の記事。

いらしいのを讃したものであらうか。故永井徳子の門下。『あたいはネ』と話し出すのには大抵の男は仁丹を用意します」（『女盛衰記 女優の巻』日本評論社、一九一九年）

「戀の相手徳子を失った伊庭孝、近頃織田信長を定め込んでゐる、當の蘭丸は両性を以て定評ある澤マセロと云ふ美少年とは」（『オペラ』一九一九年九月号）

「女みたいにデレデレしてゐる。言葉遣いが悉皆い女其儘だ。彼は顕著なる第三性（中性）の実例だ。踊りは相當にやるが、彼のやうな奴は頭から蟲が好かない。」「悪寒を催させる生物澤マセロ」（『オペラ』一九二三年二月号）

「金龍館のダンサーの中性である澤マセロ（略）顔に頬紅を塗つてアタイ金龍館の澤マセロよ……なんて云つてゐやがるから嫌になって了ふ。」（『オペラ』一九二三年九月）

と、目につく記事だけでここまで書き尽くされている。

とは言っても、私はここで澤マセロが同性愛者かストレートかの議論をしたいのではない。マセロが職業オネエにしても、同性愛者だったにしろ、オネエ言葉を使った文章を寄稿し、化粧をして歩くことが、今から百年前の一九二〇年代の浅草で容認されていた事実を近代日本のゲイの歴史の中に刻んでおきたいのである。そんな澤マセロについては、彼の全盛期であった大正時代から現在にかけて、詳細に書かれた記事は存在しない。彼の足跡についてたどるのは困難となっているが、ここでは筆者が知る限りのことを書き残しておきたいと思う。

澤マセロの生涯

澤マセロは一九〇一（明治三十四）年東京出身。日本初のトゥーダンサー・高木徳子の最後の弟子の一人として、高木徳子が率いる歌舞劇協会に参加し、一九一八（大正七）年十月に有楽座で初舞台を踏んでいる。しかし、師・高木徳子が間もなく亡くなったために、再度舞踊家の高田雅夫に師事してダンスを学ぶことになる。一九一九（大正八）年五月には新星歌舞劇団の旗揚げに参加し、一九二〇（大正九）年九月には新たに結成された根岸歌劇団に移籍、浅草オペラ全盛時代を飾る舞踊家として大活躍をした。浅草オペラとはいうが、オペラだけでなく、日本におけるバレエやモダンダンスの受容にも大きく貢献したシーンであり、当時の浅草オペラの典型的なプログラムは大体、創作オペレッタ、古典オペラ、お伽歌劇、寸劇、独唱、そして創作ダンスが組み込まれているという盛りだくさんなものであった。

この頃から浅草オペラの機関誌が挙(こぞ)って俳優の人気投票を開催しており、一九一九（大正八）年に月刊『オペラ』誌で行われた人気投票結果にマセロの名を見ることはできないが、一九二一（大正十）年頃から人気投票の十位以内に食い込むようになる。田谷力三がことごとく一位を独占してはいるが、モダンダンスの祖である石井漠や高田雅夫も高得点を得ており、浅草では舞踊家たちがアイドルの如く持て囃されたのだから面白い時代である。そんな日本におけるモダンダンスの揺籃期に活躍した、草分けの一人が澤マセロなのであった。

その後、一九二一（大正十）年九月には奈良県の生駒山中腹で旗揚げされた生駒歌劇団の創設メンバーとしても参加しているが、この生駒歌劇団は地の利の悪さから翌月には解散という憂き目に遭ってしまった。

そして再度、浅草に戻って来たマセロは、再び古巣の根岸歌劇団に腰を据えることになる。

オペラ界におけるマセロの存在

この根岸歌劇団は浅草オペラでも最大の歌劇団として、当時一流のオペラ歌手を擁したことからグランドオペラの上演を可能とし、それまで完全版の上演が不可能であった『アイーダ』『マダム・バタフライ』や『カルメン』の日本初演も根岸歌劇団によるものである。マセロももちろん出演をしており、『カルメン』では踊子役であったが、当時の劇評には「新進舞踊家であるさうな澤マセロ君のダンスが一寸眼についた」（『オペラ』一九二二年七月）と記されており、若手の中でも注目株だったことがわかる。しかし残念なことにダンス評が日本では確立していなかったため、マセロの踊りを正当に評価した記事がほぼ皆無なのと、映像記録もないため、残された写真から舞台姿を想像することしかできないところである。

系統的にいうと、マセロの師である高木徳子も高田雅夫もバレエを基調としたダンサーであり、特に厳しい指導で有名な二人なので、マセロもかなり厳しくバレエの基礎を叩き込まれただろうと思われる。浅草では古典バレエよりも創作舞踊が多く上演されており、マセロはバレエダンサーではなく、モダンダンサーという位置づけが適正なのだろうと思う。

しかし、一九二三（大正十二）年一月下旬の根岸歌劇団の上演記録を見るとマセロが「デッキシランド」という演目を振り付けた形跡があり、これをデキシーランドジャズと解釈するならばジャズ音楽に振りをつけたジャズダンスの可能性が考えられる。これがジャズダンスであったならば、日本におけるジャズダンサーの元祖のひとりということができよう。

澤マセロのブロマイド。「女軍出征」のステージだろうか。1921年頃。

澤マセロのブロマイド。大正ロマンらしい雰囲気を身に纏っている。1921年頃。

数少ないマセロ評であるが、一九二一（大正十）年一月号の『オペラ』には「マセロの踊り」という記事が寄稿されており、

「マセロの現在は未だ全く未完成品である。彼の踊りは茫然として捕へ難い位に統一がないものではあるが、しかし其底に一貫したもの、かすか乍らも大いなる人間性が観衆の胸に迄流れ込むことを否むことは出來ないといふのである」

とある。マセロも舞踊家として成功するために、いろいろなダンスに挑戦していたであろうことがわかる。

実際に、前掲の「あたいも發展するわ」の記事でマセロ本人が

「何しろ澤山作りたいと思つてるの。頭の中には今いろんなものが出來てゐるんだけれ

ど、オーケストラに困つてゐるのよ。コーラスも思ふやうにならないんでせう。」

と、現状の舞台が思うようにならない歯がゆさを吐露している。

本人はこのように真面目に舞踊へ取り組む姿勢を見せてはいるが、真面目さだけが浅草オペラやマセロの人気への直接的な原因とは到底思えない。実は、浅草オペラ隆盛の要因として「観客への性的刺激」が挙げられることが多いのである。

これはどういうことかと言えば、それまでの芝居は和服だったり鹿鳴館時代を彷彿とさせるようなドレスを身に纏ったものばかりであったが、浅草オペラはダンスも主体だったことから露出度の高いコスチュームを着用したのである。これは、当時の若い男女からすればかなり刺激的なものであり、

「金龍館で木村時子と澤マセロが男女互ひに腋毛の豊富さをきそひあつて男女の観客に等分の愉悦を供したことがある。」

（原比露志『寝室の美学』風俗資料刊行会、一九三〇年）

という記載すら残されている。真面目一辺倒ではなく、観客に迎合したパフォーマンスを含んでいたこともここに記しておきたいことである。

浅草オペラの凋落と新時代

そして一九二三（大正十二）年九月一日に発生した関東大震災のため浅草は焦土と化し、浅草オペラの本格

的な凋落時代が始まるのであった。当時のマセロは浅草からほど近い根岸に住んでいたようなので、当然自宅は震災の被害を被ったと思われるが、震災の翌月に行われた根岸歌劇団の関西興行に参加している。しかし震災後の混乱期、隆盛を極めた根岸歌劇団は解散してしまい、再び浅草オペラの灯がともることはなく、その後のマセロの動向は不安定となる。

その後の浅草オペラにおけるマセロの動きとしては、わかっているだけで一九二四（大正十三）年に森歌劇団、一九二五（大正十四）年には合同歌劇団、大合同歌劇団、東京歌劇舞踊団へ参加しているが、浅草オペラの機関誌が続々と廃刊したことによってマセロに関する情報はこの辺で激減する。

昭和に入ってからのマセロは、一九二七（昭和二）に旗揚げされた浅草オペラ最後の歌劇団・更生歌劇団に参加しており、東京だけでなく関西・九州興行にも参加し、今も現存する道頓堀の松竹座の舞台も踏んでいる。そして、澤マセロが再度、華々しく浅草の舞台に登場するのは、一九二九（昭和四）年二月のことであった。それまでのオペラとは心機一転、最新流行のジャズソングを大々的に取り入れた新しいレビュー団・電気館レビューの舞台であった。ここでは澤マセロから、澤カオルに改名し、浅草オペラ時代の花形女優だった木村時子との二枚看板を掲げての公演であった。浅草では古顔で認知度が高かったことから大変な評判を呼んで、一九三〇（昭和五）年前後には澤カオル舞踊団を結成して公演を行っているのだから、大きな成長ぶりといえる。

この頃の澤マセロのプライベートの様子が『東京名物食べある記』（一九二九年）に記載されている。ここに引用してみたい。

「（浅草）瓢箪池でいとも奇異な超モボ青年にめぐり遭ったもんで…白粉に口紅、白リンネルのスプリングオーバー。バンドが頸根つこの邊へ飛び上がり、覗いてゐるパンツは七八本の足がゆうにすつぽり這入ろうといふ大幅もの（略）「澤マセロ、改名して澤カオルだよあれは…」とHの註に「あれが…」でM、久夫、淺草モボの奇態に二度吃驚仰天したのである」

とあり、昭和初期になってモボ（モダンボーイ）に変身したマセロがどんな様子で浅草の街を闊歩していたのかがわかる記載であるが、男装はしていても、やはり化粧は欠かさなかったようである。

そして一九三〇（昭和五）年十月には新築落成したばかりの玉木座で旗揚げされたレビュー劇団のプペ・ダンサントのメンバーとして名を連ねている。このプペ・ダンサントの初期メンバーには榎本健一（一九〇四—七〇）や淡谷のり子などもおり、新時代を告げるような華やかで楽しい舞台だったことだろう。しかし、古いオペラ時代の仲間と活動を共にすることがほとんどで、一九三二（昭和七）年には東京レビュー集団、金龍レビュー団に参加し、一九三三（昭和八）年秋には再度プペ・ダンサントの舞台を踏んでいるが、特に目立った動きは見ることができない。

もうこの頃になるとジャズやレビューの舞台は珍しくもなくなり、多くの若く優れたダンサーたちが続々と登場していることから、澤マセロの存在感は薄くなっていることは否めず、一九三六（昭和十一）年浅草松竹座で公演されていたピエル・ブリアント（エノケン一座）では出演者ではなく振付師として活動している記録がある。同年に公開された映画『エノケンの千萬長者』（監督山本嘉次郎）の振り付けもマセロ（澤カオル名義）が行っており、マセロが振り付けしたと思われる劇中のレビューシーンだけが、生前のマセロを感じさせる映像となっている。

しかし、この時マセロは三十代半ば、まだ一線を退くには早すぎるようにも思うが、結局ピエル・ブリアントにもそう長くは腰を据えていなかったようである。

その後の動きとしては活動拠点を関西へと移し、吉本興業の公演に多く関係していることが当時のパンフレットなどから知ることができ、一九三八（昭和十三）年四月には京都にあった国際映画劇場にＰＢショウというレビュー劇団を率いて出演をし、大阪ヨシモトショウの第一回公演では構成振り付けとして名を連ねて、一九三九（昭和十四）年五月には大阪芦辺劇場にも出演した記録が残っている。

しかし、一九五一（昭和二十六）年七月に浅草の会発足式で行われた関係者供養会の資料では、澤マセロの名が亡き人として記載されていることから、一九四〇年代に四十歳代という若さで亡くなったことは間違いないと思われる。

そして以後、澤マセロは語り継がれることはなく、いつしか忘れられた存在となってしまった。自らの口で同性愛者であることを公表してはいないものの、大正期にオペラ雑誌の投書で「悪寒を催す生物」などと悪口を言われていながらも自分の生き方を曲げなかった澤マセロ。

今から百年前のアイドルの中にすでに自らのオネエキャラを隠すことなく自己表現する先駆者がいたことを現代に伝えるのは意義があることだろうし、次世代を担う人々に澤マセロの存在を知ってもらう機会になれば幸いである。

2 同性愛を公表した芸能人たち

大正中期に登場した澤マセロが、オネエキャラを隠さずに生きていたことは前述した通りである。しかし澤マセロは、メディアで同性愛を公表することはなかった。それは特に秘していた訳ではなく、芸能ジャーナリズムやメディアが発達していなかったため、それを発表する場もなく、また発表したからといって、なんの意味も持たなかった時代だったからであろう。

ところが、関東大震災後になると多くの雑誌が刊行されるようになり、さらに映画やレコードが一般にも広く普及し、ラジオ放送も開始されたことで、芸能人たちが庶民にとってより身近な存在になっていった。そして自然に芸能とメディアの関係性も密接になっていった経緯があったのだ。

さらに言うならば、それまでの土着的な芸能界で生きてきた人たちの多くは、幼い頃から芸界に身を投じたり、家庭的に貧しく、芸能界に身を投じることでしか生計を立てることができなかった人たちであった。そのために就学率も低く、大正時代のある人気女優は字の読み書きができなかったといわれているし、今ではかなり知名度の高い女流漫才師（故人）は娘時代まで字が読めなかったというエピソードもあるほどだ。

ところが浅草でオペラに関わっていた人たちは、いわば良家の出身者が多く、旧制中学や大学卒業のインテリたちである。自分の意見を文章にまとめる能力があり、発言する責任や自信にも満ち溢れていたのだ。

そこで、自分が「男性が好き」であることを隠さずに手記に綴ったのが、日本で初めてのジャズシンガーといわれる二村定一であった。

二村定一と同性愛の公表

今から何年前になるだろうか。私はある高齢の芸能プロダクションの社長から昔話を聞いていたが、すると

「お前、二村定一って知ってるか? これは昔、淀橋太郎さん（劇作家）から聞いた話なんだ。ある日、二村が何を間違ったか女を買って朝帰りしたんだよな。そして、楽屋入りした時『わたし、変態かしら』って言ったんだってよ」

と言い放ち、大爆笑の渦となった。

ジャズ歌手として一時代を築いていた頃の二村定一。（『ビクター文句集』1930年より）

それだけ二村定一が同性愛者であることは、私が本書で取り上げるまでもなく有名な事実であった。それは二村を取り巻く人々だけが知る秘密ではなく、作家のサトウハチロー（一九〇三―七三）は、小説『浅草悲歌』や『エンコの六』で、別に触れなくともいいのに「人気者のジャズシンガー二村定一が変態性欲で」と、わざわざ記載しているし、舞台上でのコンビであった榎本健一も自著『喜劇こそわが命』で「今でいうシスター・ボーイの草分けでもあった」と記載、女優の清川虹

子（一九二一―二〇〇二）も最後の自伝『みんな死んじゃった』で二村定一が同性愛者であることを書いている。榎本健一夫人の榎本よしゑがテレビで「べーちゃん（二村）は男好きだった」と発言しているのを聞いたことさえある。私が把握しているだけでも、二村が同性愛者であったという関係者による証言は、二村の生前・没後に関わらず、かなり多数あり、二村も同性愛者であることを一切隠さなかった証拠といえよう。

二村が同性愛を自らの文章で公表した芸能人の第一号というのならば、その根拠を示さなければなるまい。二村は大阪薬学校に学んだインテリであり、洋書の翻訳をしたり、歌の作詞をしたり、と多彩な活動が目立つ。時には雑誌に小話を寄稿したりしているが、同性愛の公表といえる決定的な手記が残されており、それが、一九三二（昭和七）年四月号の雑誌『改造』で発表した「不良少年軟派」という一文である。文中には、

「僕の男好き、男こそ頼りになる、女では話さへ面白くないといふ観念を持たされた、重大なる心理逆転の時代だつたでせう」

「怜悧でゐて剛情でなく、能く捌けてゐる悪ずれせず、潑溂たる元氣のうちにも無邪氣な親しみのある青年こそ、僕の最も愛する軟派君なのです」

「ガツチリした肩、廣い胸、爛々たる眼差し、少しこけた頰、太い指を持つた大きな手、少しよごれたレーン、コートを小脇に、然も洋服に五分のすきもない、いきな青年こそ、本当に僕の讃美する型なのですが……（略）」

「彼らは僕を愛した、それ以上に先づ僕は彼らを愛したのです。彼らは僕の尊い心のかてであり、生活の沾ひであり、強い感激なのです」

と、同性愛の公表ともとれる、男性のタイプや男性への思いを繰り返し綴っている。

ここで改めて整理してみると、サトウハチローが小説『エンコの六』で「二村は変態性慾」という一文を記載したり、また別項でも取り上げるが同じくサトウの著で、二村とともにゲイの集会に参加したことが記載された『浅草悲歌』が一九三一（昭和六）年のこと。そして二村が自ら男性への思いを綴ったのが一九三二（昭和七年）。もう一冊、二村の名が三田村精一という仮名で登場し、浅草の男娼と懇ろの中であることを示唆している、「浅草陰間宿繁盛記」が掲載された雑誌『犯罪實話』が一九三二（昭和七）年一月号である。

これらを総合的に見てみると、一九三一（昭和六）年以前には知人友人にはゲイであることは知られており、一九三二（昭和七）年に世間に対して同性愛の公表的な寄稿を行ったということになろう。

ちなみに二村定一は、澤マセロのように普段から女言葉は用いなかったようで、割と男っぽく振る舞っていたそうだ。

しかも、そんな二村定一が母親の説得でファンの女性と結婚していたことも記載しておかなければならない。ところが結婚翌日から二村は家に帰らず、半年ほどの結婚生活を送っただけで離婚したというのだから、〝既婚ゲイ〟の生活もほんの少しの期間経験したといえる。

なお、戦前に同性愛者であることを世間に対して自らの文章で公表した芸能人は皆無と思われる。特殊な例としては、新聞に「女性として生きる男性」と報道された大分県出身の一般男性が、男性との内縁生活を経て、看護婦、髪結い、カフェーの女給などとして自活し、一九三七（昭和十二）年一月から浅草六区にあった吉本興業経営の劇場・萬成座において女形（芸名・林芙美子）として初舞台を踏んだという、世間に同性愛を公表していた一般人が女形になるパターンは存在していた。

戦後もカストリ雑誌で同性愛者であることがすっぱ抜かれた芸能人は複数いるものの、二村以後、自らの文章で同性愛者であることを名乗り出た芸能人に関しては、喜劇の曾我廼家五郎一座の女形・曾我廼家桃蝶『芸に生き、愛に生き』（一九六六年）、丸山明宏『紫の履歴書』（一九六八年）の出版まで待たなければならないのではないか。

特に曾我廼家桃蝶（本名・中村憬）の『芸に生き、愛に生き』は、男性でありながら男性しか愛せないという同性愛の公表のみならず、肉体関係の様子まで赤裸々に語られている、芸能史上稀に見る書籍である。

桃蝶は一九〇〇（明治三十三）年島根県出身。一九一八（大正七）年に新派の女形として初舞台を踏んだのち、一九三〇（昭和五）年に曾我廼家五郎一座に加入、洋装ができる数少ない女形として注目を浴びることとなる。普段から女姿で生活をし、好きな男が女性と結婚すると知ると、小指を切り落として男に届けたり、好きな男の名を肌に彫るなど、恋に激しい一面もあったようだ。戦後は一時、二見章五の名で新派の舞台に立った後、芸能界を引退。その後は女優・京塚昌子の付き人として活動をしていた（なお京塚は、銀座のゲイバーやなぎに勤務するゲイボーイ駒千代と婚姻関係にあったことがある。駒千代は宮園節の名手として知られた）。

女形の曾我廼家桃蝶。年を重ねてからも妖艶な美しさに包まれていたという。（『芸に生き、愛に生き』1966年より）

なお、著名人によるレズビアン体験の公表に関しては、世間を騒がせ続け、トラブルメーカーとして有名だった元・新橋芸者の照葉（高岡辰子、のちの高岡智照尼）が一九三四（昭和九）年に出版した『照葉手記　黒髪懺悔』（中央公論社）で、芸者を廃業した後アメリカ生活を送る中で同性愛を経験したことを記載しているのが、著名人の同性愛体験告白では早い時期のものではないだろうか。

二村定一の生涯

それでは同性愛を公表した芸能人第一号である二村定一は、果たしてどのような人生を送ったのだろうか。

二村定一（本名・林貞一）は一九〇〇（明治三十三）年山口県下関市の出身。父は料亭の経営者であり、母は芸者であったという。

少年時代から歌舞音曲に親しみ、大阪薬学校に学んでいた時は、創設されたばかりの宝塚歌劇団の熱心なファンであり、また学校を中退した後に下関で観たオペラの舞台に魅了されて、オペラ俳優を志願したが断られたのだそうだ。

一九二〇（大正九）年に上京後、澤マセロが師事した舞踊家・高田雅夫の知遇を得て、同年、根岸歌劇団で上演された創作オペラ『釋迦』で初舞台を踏むことになる。

念願の初舞台を踏んだものの、小顔でスタイルの良いテノールの田谷力三は、絶対的に揺るぎないスターであり、若く美男子だった北村猛夫がその後を追い、男らしい力強さがあったバリトンの大津賀八郎（一八九五―）、藤村梧朗（一八九七―一九五五）、柳田貞一（一八九五―一九四九）、そして古参として清水金太郎がいる中、特別に音楽を学んだことがない青年に出る幕はなく、本人が「僕達オペラの下つ端は實に慘憺たる生活をしなければなりませんでした」（『改造』一九三二年四月号）と書いたように、しばらくコーラスの一員として埋もれた存在であった。

そしてチャンスが回ってくるのは、一九二三（大正十二）年九月一日の関東大震災後のことであった。震災前に公演した創作オペラ『地獄祭り』のレコード化に当たり、根岸歌劇団から録音メンバーを選抜したが、その中から二村定一が起用されたのであった。

二村の才能に目をつけたのは、浅草オペラの作曲家兼プロデューサーであった佐々紅華で、以後、佐々は自作のお伽歌劇レコードで二村をたびたび起用し、二村の知名度を高めることに一役買っている。

震災前には無名だった二村であるが、佐々の助力もあってか舞台でも次第にいい役がつくようになり、浅草オペラ界で新進テナーとして注目を浴びるようになっていった。それまで登場することがなかったオペラ雑誌のグラビアの片隅に登場したり、イラストが掲載されるようになっていくが、浅草オペラは下火となり、それまでオペラをやっていた人たちは転身を迫られることになる。

ジャズシンガー第一号

そんな時に二村が真っ先に飛びついたのが、日本に紹介されて間もないジャズだった。

そもそも一九二〇年代は世界的にジャズ旋風が巻き起こっている時期であり、浅草では一九二二（大正十一）年には既にジャズダンスという出し物を公演した記録があり、「ＪＡＺＺ」と称する浅草オペラ同人誌まで刊行されていたほどである。いかに浅草が日本の最先端で新しい街だったか知ることができよう。

関東大震災後には浅草以外でも、ダンスホールや映画館のアトラクションなどで、盛んにジャズが演奏されるようになり、それは新時代の到来を感じさせるものであった。

二村は一九二五（大正十四）年から海外のダンスミュージック、ジャズの録音を開始しており、これがために二村定一は「日本のジャズシンガー第一号」の称号を得て今に至っているのである。

そして二村の名がさらに全国区になった要因としては、一九二八（昭和三）年にニッポノホンとビクターか

二村定一の代表曲『洒落男』の楽譜。後に榎本健一がカバーしたことでも知られる。

ら発売された『青空』(My Blue Heaven)のレコードが大ヒットを放ったことが挙げられる。この『青空』(♪夕暮れに仰ぎ見る私の青空)は日本初のジャズのヒットソングとなり、B面の『アラビアの唄』(Sing Me A Song Of Araby)とともに長く愛されるジャズソングとなった。二村はほかにも『第七天国』(Angela Mia)、『テルミー』(Tell Me)、『ヴァレンシア』(Valencia)、『アマング・マイ・スーベニア』(Among My Souvenir)、『雨の中に歌ふ』(Singing In The Rein)、『エスパニョール』(Spanish Serenade)、『戀人よかへりませ』(Lover Come back to Me)などなど、当時としてはスタンダードなジャズソングを多数録音している。

また一九二九(昭和四)年にはジャズ調流行歌『君戀し』がヒットしたことにより、二村はレコード歌手として不動の地位を獲得。続いて『浪花小唄』『神田小唄』『洒落男』とヒットを連発したことで、まさに押しも押されもせぬ二村定一時代を築き上げたのであった。ちょうど開始されたばかりのラジオ放送や蓄音器・レコードの普及が重なったことも、二村にとっては幸運なことだったかもしれない。

レコードだけでなく舞台人としての活動も活発に行っており、映画館のアトラクションやコンサートへの出演のほか、一九二七(昭和二)年一月には高田雅夫舞踊団とともに赤坂フォーリーズの旗揚げにも参加。また、一九三一(昭和六)年からは後輩だった榎本健一(エノケン)と二枚看板でレビュー劇団ピエル・ブリヤントを結成。当時のプログラムを見ると、二村の扱いは別格といっていいほど良いもので、芝居には出演せず、特

1934年上演の『巴里のヨタ者』の舞台、左から二村定一、唄川幸子、榎本健一、北村季佐江。二村は歌手だけではなく俳優としても大活躍した。（『月刊エノケン』1934年10月号より）

別出演のような形でシャンソンを歌うだけに出演していたり、エノケンが出演しない幕では主演を演じるなど、いかに浅草で二村定一が大きな存在だったかがわかる。

一九三六（昭和十一）年にピエル・ブリヤントで公演されたレビュー『流行歌六大学』には「同性夜曲」という一幕があり、エノケンと二村の出演のほか、振り付けに澤マセロ（カオル）が関わっていたことから、どんな作品だったのか演劇史の一ページとして検証が必要な部分といえる。

また、実演だけではなくレコードでもエノケンと共演し、コミックソング『百萬圓』、『相當なもんだね』、『サイノロ行進曲』、『民謡六大學』、『エノケン・フタムラ歌道楽』など数々の傑作コミックソングを残している。

そして重要な点として、このような人気絶頂期に同性愛の公表を行っているのである。落ち目になってから人気回復のため、世間に同性愛の公表をして爆弾を落とすやり口ではない。

一九三四（昭和九）年には映画界にも進出する勢いで、ＰＣＬ（のちの東宝）の『エノケンの青春醉虎傳』が二村の映画デビュー作となった。そして『エノケンの魔術師』、『エノケンの千萬長者』、『エノケンの法界坊』、『エノケンの近藤勇』など、現代劇から時代劇まで、今でも銀幕で歌う二村定一の姿を観ることができる。

二村定一の芸風

映画ではいろいろな役を演じているが、筆者が特に印象的だったのは一九三六（昭和十一）年公開の『エノケンの千萬長者』である。質実剛健の精神で生きてきた青年（エノケン）を指導する、遊び人のモダンボーイ役を演じており、所々でジャズを唄い、スマートな身のこなしが板についている。

二村定一が歌った『キッスOK』のレコード。エログロナンセンス時代を反映したもの

このように当時の二村のキャラクターとしては、ちょっと悪っぽいモダンボーイ、キザ、色男、女たらしを彷彿とさせる歌を唄い演じているため、何も知らない観客たちはむしろ女好きのような印象を受けていたことだろう。

二村定一が演じる、粋でお洒落なモダンボーイを観ていると、二村定一自身が好きな男のタイプを演じているのではないかと感じる。

一九三〇年代初頭に二村が歌った唄には、『女・女・女』（二村が♪女が欲しい～と歌う）、『ほんに悩ましエロ模様』、『とこイットだね』、『キッスＯＫ』、『男の秘密』など、エロ・グロ・ナンセンス時代の影響を大きく受けて、女性のエロチシズムを歌詞に反映させた

エノケンこと榎本健一。日本の喜劇王と呼ばれ、二村定一とは舞台上での相棒であった。

ものが多く、二村はそんなエロソングばかりレコーディングしていた時期もあった。

本人もまさか ♪女が欲しい～ だなんて、ここまで自分の心とは裏腹な歌を唄うことになるとは思ってもいなかったのではないだろうか。

二村定一の凋落と満洲生活

このように順風満帆にみえた二村の芸能生活に翳りが見え始めたのは一九三〇年代後半からのことである。それまでエノケンと共に多くの映画や舞台に出演しているが、エノケンが日本を代表する人気者になったのに引き換え、二村は「エノケンの相方」という存在になり、ヒット曲は途絶え、それどころか一九三七（昭和十二）年以後はレコーディングさえ行われなくなってしまった。

二村は穏やかな人物だったようであるが、かつては時代を背負ったスターであったために、やはり後輩エノケンの一座員として活動するのはプライドが許さなかったのだろう、一九四〇（昭和十五）年の映画『エノケンの弥次喜多』を最後にエノケンのもとを去ることになった。

その後、戦時中の二村定一は、歌手の小林千代子（一九一〇―七六）が率いる一座の重要なポストとして活動を行い、一九四二（昭和十七）年には伴淳三郎（一九〇八―八一）や女優の伏見信子（一九一五―？）らと京都松竹劇場の舞台に立った記録が残っている。

以後の二村の動向ははっきりしないが満洲に渡っていたことは確実で、一九四五（昭和二十）年八月十五日の終戦は満洲で知ったと思われる。というのも、戦後にゲイバー湯島を経営していた女形の曾我廼家市蝶が、終戦を知った満洲新京での思い出を回想している中に、二村定一が登場するのである。


「二村貞一さんやHさん（現在ラジオ俳優）だとか皆寄りましてね、歸れなければ、何か歸るまで仕事をしなければいけないというので、お願いしたところが、新京の眞ん中で、こんなちつちやい家ですけど、飲屋を出さしてくれたのです」

（『人間探究』（一九五二年八月号）※誤字はママ

と、このように記載がされているほか、

「終戦後新京でMさんなどとバレエやオペラを演つたんです。その時の髪は男の髪だったので前だけをぐつと出して、うしろは全部つけたのであれは蘇州夜曲、二村さんが唄を歌つて。二村さんが生きていてくれたら、また何んとか力にもなつてもらえるでしようけど……」


ともある。Mとは戦前戦後を通してダンサーとして名を馳せた舞踊家の益田隆（一九一〇―九六）のことであろう。

益田隆は一九四五（昭和二十）年二月、東宝舞踊隊一行として満洲へ渡り、終戦をハルピンで知ったという記録が残されており、『日劇レビュー史』（橋本与志夫）には「終戦後間もなく長春（新京）のニッケというキャ

終戦直後の満洲で披露された『蘇州夜曲』に出演した際の曾我廼家市蝶。この傍らに二村がいたのだろう。1945年。（『人間探究』1952年8月号より）

バレエなどにも出演し、その後は二村定一氏らと芸能座という小屋によく出演しました」と益田の談話が記載されている。

戦争に負けて、満洲の舞台で『蘇州夜曲』を唄った時の気持ちはどのようなものだったのだろうか。

なお、市蝶は一九四六（昭和二十一）年十月に中国胡蘆島（ころとう）から日本に帰国しているが、二村は一足先に帰国していたとの記載も残されている。

日本に帰国してからの二村定一はすでに過去の人となっており、二村と親交があった作家の色川武大によれば、引き上げ後は九州大牟田の収容所にいたほか、引揚げ文化人の会に参加し、トラックの荷台を急ごしらえの舞台にして歌を唄っていたそうだ。そうこうしているうちに大阪に流れつき、カフェー赤玉などで歌を唄っていたそうだが、すでに見る影はなく、酒を呑むとすぐ崩れてしまい、失禁する始末だったという。

そんな時、二村はかつての盟友エノケンと偶然の再会を果たすこととなり、昔のよしみで榎本健一一座の公演『らくだの馬さん』で舞台復帰を果たしているが、身体は相当に弱っていたらしい。一九四八（昭和二十三）年六月の公演中に自宅で吐血をし、同年九月十二日に帰らぬ人になってしまった。享年四十八歳。

そして真偽のほどはわからないが、彼の葬儀はかつて愛した元慶應ボーイたちによって営まれた、と語り継がれている。

　昭和初期には華やかなステージに立ち、スポットライトを浴びていたスーパースターだっただけに、落ちぶれて死んでいった姿はあまりにも痛ましく憐れといえる。しかし、最後の最後は彼が愛した慶應ボーイに囲まれて旅立つことができたのは、せめてもの救いではないだろうか。

3　なぜ〝ゲイ〟は浅草に集まったのか？

大正から昭和初期の浅草はありとあらゆる芸能が集結し、人の波が押し寄せ、空前絶後のにぎわいを見せた場所であった。浅草には土着的な部分から江戸情緒、はたまたオペラ、ジャズ、ダダ、プロレタリアなど……新しいもの、異端なものを受け入れる不思議な力があり、そんな一面に魅了された若き作家たちが浅草へと足しげく通っていた歴史があった。そのような背景がある中で、浅草を舞台とした「浅草文学」が生まれたのも当然のことといえよう。

「浅草文学」の最高峰のひとつとして名高い作品に川端康成（一八九九―一九七二）の小説『浅草紅団』がある。そのほかにも多くの名作が生み出されている中に、一九三一（昭和六）年に刊行されたサトウハチローの『浅草悲歌』がある。

サトウハチローは、大正の浅草オペラ時代から劇場の楽屋に入り浸った不良青年であり、昭和に入ってからは浅草で活動する劇団の文芸部に所属し、浅草の裏も表も知る人物として若き日々を過ごした。

私が同性愛に関する書籍を執筆しようと決心する以前から、その小説『浅草悲歌』の中に書かれていたことがずっと気にかかっていた。

創作小説のはずではあるが、実在する芸人の名前が登場したりするので、ほとんどノンフィクションに近い内容だと思われる。そこには「女装男の戀と死」という章があり、ここでは男同士の恋愛や複雑な関係が取り上げられているのだ。

その「女装男の戀と死」の章の導入部に、サトウハチローが同性愛者である二村定一に連れられて、浅草の寺院で開かれている同性愛者の集会に参加した様子が描かれているのである。文中には「浅草にはね、不思議に男を愛する人間が沢山ゐますよ」「不思議だね、それも浅草の七不思議の一つだね」というセリフが登場する。サトウは最後に「二村の友達の、色の生白い男は又布団の中で僕の手を握った」ことも記しているが、なぜ、浅草にゲイが集まったのだろうか？

そこで、この項では〝ゲイ〟はなぜ浅草に集まってきたのかを、検証していきたいと思う。

浅草は〝ゲイタウン〟だったのか

そもそも浅草という場所は、江戸時代より浅草寺を中心に栄えた町であるが、日本一の遊廓である新吉原から徒歩圏内であるし、関東大震災以前にはランドマークタワーだった凌雲閣（通称・十二階）の下には銘酒屋街といわれた私娼窟が広がっていた。この私娼窟は魔窟と呼ばれ、新吉原を凌駕するほどの人数の女たちが集まっていたといわれている。このように大きな寺院、日本一の興行街、そして大規模な遊び場もあり、まぎれもなく日本屈指の繁華街であった。

そこで、いつから浅草に〝ゲイ〟が集まるようになったのか？　という疑問を解決するヒントとなっているのが、江戸川乱歩（一八九四―一九六五）の怪奇小説『一寸法師』なのである。

『一寸法師』の中では、深夜の浅草公園内で男同士が相手を物色する様子が描かれているということは、ファ

1916年に撮影された夜の浅草。池に映るイルミネーションと生い茂った樹木が怪しげである。

ン読者に知られているが、「同性愛者」「男色」などの直接的な記載は見られない。なお、この小説は一九二六（大正十五）〜一九二七（昭和二）年にかけて朝日新聞に連載されたもので、浅草の〝ゲイ〟生態に関する記載の最古の部類といえる。

江戸川乱歩は、作家だけでなく男色研究者としての顔もあり、若き丸山明宏を贔屓にしていたことでも知られている。浅草へもなにかと通っていたようで、『實話時代』一九三二（昭和七年）十一月号には「今をときめく有名な探偵小説家淀川散歩氏」と仮名にはなっているが、江戸川乱歩が可愛がっていたという浅草の男娼・お国ちゃん（二十一歳）が紹介されており、記事によれば乱歩が浅草に来ると一緒に散歩したり、食事をしたりしていたようである。そのため、乱歩が『一寸法師』で描いた深夜の浅草公園の様子は、乱歩によるノンフィクションの部分も含まれている可能性は捨てきれない。

ほかにも浅草公園で活動する〝ゲイ〟に関する記載は残されており、発売禁止書籍『エロ・グロ男娼日記』（流山竜之助、三興社、一九三一年）は、浅草の男娼の生活を取り上げた一冊である。

浅草寺の境内。夜になると男娼たちが男客の袖を引いたらしい。1910年代。

日記仕立ての創作ものではあるが、主人公であるフラッパーな女装モガ・愛子は、浅草周辺に住み、浅草で商売をしている男娼で、その舞台が銀座でも新宿でもなく、浅草であるところに、浅草が〝ゲイ〟の出会いの場であったことを裏付けているようにも思う。

「午後になっても一向客がつかない。かうマガわるくてはエンコ（公園で）は商売にならない。そこで、今日は河岸をかへて上野公園へまで出張って來た」

とあり、深夜だけでなく午前中から商売を行っていた男娼が実際にいたのだろうか。なお、エンコとは浅草を指す隠語で、戦前の不良言葉から発祥して、戦後になってからも地元や芸能界などで使用されていた言葉である。

そのほかにも核心に迫る文献はいくつかあるが、一九三〇（昭和五）年七月に刊行された『犯罪科學』に掲載された「新東京陰間團」では、男娼が出没するスポットについて

「主として×××の橋を渡った、植込みやベンチのあ

空襲で焼ける前の浅草。夜、瓢箪池の中の島に男娼が立っていたという。1940年頃。

る邊りから×××の裏手へかけての薄暗い場所が最も多い」

と記載されている。肝心なところが伏字になっているが、おそらく「～瓢箪池の橋を渡った、植込みやベンチのある邊りから浅草寺の裏手～」と解読してほぼ間違いないだろう。

浅草六区には一八八五（明治十八）～一九五三（昭和二十八）年まで瓢箪池と呼ばれる千坪余りの大池があり、池には中の島があって、藤棚が木蔭となり、男娼が男の袖を引くには格好の暗がりだったといえる。

また昭和初期の浅草を知ることができる一級資料『浅草底流記』（添田啞蟬坊、近代生活社、一九三〇年）には「變態性慾者の群」という項目が設けられており、

「カゲマが出没するといふ。嘘かも知れない。ほんとかもしれない。花屋敷の前の、小高い築山の上に、出るといふ」

浅草六区にあった瓢箪池の中の島の様子。昼間は観光名所だったが、夜になるとこの場所で、男娼たちが客引きをしていた。1935年頃。

と記載されてもいる。

そして他にも『犯罪實話』（一九三二年一月号）の「えんこ變態獵奇エロ探訪　淺草陰間宿繁盛記」でも浅草の男娼の様子について知ることができる。


『どちらまで、あなた…』

木陰から一つの影が歩み出た。影は闇の底で白い歯を見せて、ニツと僕に笑みかけた。

『何故黙つてなさるの、あなたは…』

『……？』

僕は相手の聲を、もう一度闇の底に透かして試してみなければいけなかった。僕は決して僕の耳を疑つて居るのではない。けれ共、その時僕の目に入ったのは、たしかに頭髪をオールバックにして、黒い銘仙か何かを羽織つた若い男の姿であった。（略）

『ね、兄さん解かつたらあたいの家行つて、遊んで呉れてもい丶でしよ。』

僕は答へる代りに男の首へ手を巻いて、すたすたと観音堂のうしろへと歩いていつた。丁度僕達の歩調が千束大通り迄來た時、僕はいきなり男の片方の肩を引いて唇を押し附けた。

『まあ！……駄目だわ。』

だが男は、じつとさからはないで、そのま、暫く僕の爲すがま、に委した。


乱歩が描いた深夜の浅草公園の様子よりもかなり赤裸々で、まるでエロ小説のような展開であるが、乱歩が描いたのは素人の〝ゲイ〟同志の駆け引きで、この後者の記事に登場するのは女言葉を使う男娼である。しかし、オールバックに銘仙（和服の種類で、絹織物を銘仙といった。当時としては安価な素材であった）という描写によると、本格的な女装者ではないようである。


また翌月の『犯罪實話』（一九三二年三月号）にも「特輯探訪 どん底を探る（淺草編）葡萄棚下の蔭間群」という記事が掲載されており、リード文には「徳川時代の變態情痴の世界蔭間茶屋はあらずとも、淺草の公園内は滅びゆく蔭間たちの巣である。讀め！ この情痴！」と、明確に浅草公園内は男娼たちの巣であったとの記載がある。

この記事にも男娼たちの様子が如実に描かれているので、一部を以下に引用してみたい。


『ちよい、ちよいと、兄さん。』

江川劇場の向ひ側辨天様の石の橋のところだつた。暗い築山の蔭から呼ぶ奴がゐる。女みたいな男の聲だ。

見ると闇をすかして、男物の絣の着物が動いてゐる。而も二三人連れで、學生帽を被つてゐるらしい。

葡萄棚下の蔭間群

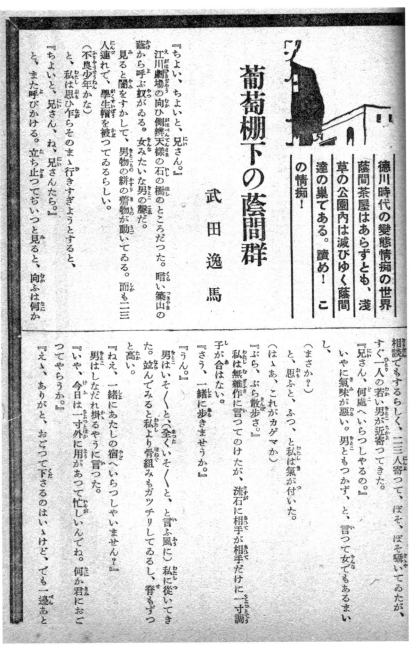

徳川時代の變態情痴の世界蔭間茶屋はあらずとも、淺草の公園内は滅びゆく蔭間達の巣である。讀め！　この情痴！

武田逸馬

『ちよい、ちよいと、兄さん。』

江川劇場の向ひ側辨天樣の石の橋のところだつた。暗い築山の蔭から呼ぶ奴がゐる。女みたいな男の聲だ。

見ると闇をすかして、男物の絣の着物が動いてゐる。而も二三人連れて、學生帽を被つてゐるらしい。

(不良少年かな)

と、私は思ひ作らそのまゝ行きすぎようとすると、

『ちよいと、兄さん、ね、兄さんたら。』

と、また呼びかける。立ち止つてぢいつと見ると、向ふは何か相談でもするらしく、二三人寄つて、ぼそ、ぼそ囁いてゐたが、すぐ一人の若い男が近寄つてきた。

『兄さん、何處へいらつしやるの。』

いやに氣味が惡い。男ともつかず、と、言つて女でもあるまいし、

(まさか？)

と、思ふと、ふつ、と私は氣が付いた。

(はゝあ、これがカゲマか)

『ぶら、ぶら散歩さ。』

私は無雜作に言つてのけたが、流石に相手が相手だけに一寸調子が合はない。

『さう、一緒に歩きませうか。』

『うん。』

男はいそ〳〵と、(全くいそ〳〵と、と言ふ風に)私に從いてきた。竝んでみると私より骨組みもガッチリしてゐるし、脊もずつと高い。

『ねえ、一緒にあたしの宿へいらつしやいません？』

男はしなだれ掛るやうに言つた。

『いや、今日は一寸外に用があつて忙しいんでね。何か君におごつてやらうか。』

『えゝ、ありがと、おごつて下さるのはいゝけど、でも一遍あと

『犯罪實話』(1932年3月号)に掲載された「葡萄棚下の蔭間群」の記事。当時の浅草で活動していた男娼の様子をルポした数少ない記事。

（不良少年かな）

と、私は思ひ乍らそのまゝ行きすぎようとすると、

『ちよいと、兄さん、ね、兄さんたら。』

と、また呼びかける。立ち止まつてぢいつと見ると、向ふは何か相談でもするらしく、二三人寄つて、ぼそ、ぼそ囁いてゐたが、すぐ一人の若い男が近寄つてきた。

『兄さん、何處へいらつしやるの。』

いやに氣味が悪い。男ともつかず、と、言つて女でもあるまいし、

（まさか？）

と、思ふと、ふつ、と私は氣が付いた。

（はゝあ、これがカゲマか）

とある。この記事からわかることは『浅草底流記』に書かれた「花屋敷の前の、小高い築山の上に、出るといふ」という噂が本当だったこと、そして男娼は個人ではなく集団で商売をしていたということである。江川劇場については当時の地図（59ページを参照）を確認いただくと、今の浅草のどの場所なのか、イメージがつきやすいと思う。

さらに、興味深い記事が続く。

『あたしはね、これでも××團ぢや、ちよつと許り古顔ですよ。素人の兄さんだからつて法螺吹く譯ぢやないんですけどね……それやね、兄さんみたいに好い男だつたら、誰だつて××で××で××でせうけど、

ねえ……さうでしよ、兄さん。』

男は氣味悪く身體をくねらせ乍ら、私にしなだれ掛かつてくる。肩に手を掛けて、酒臭い息を吐き乍ら頬を押しつけてくる態は正に百パーセントのグロだ。

（略）

男は走り寄り乍ら先刻のやうに私の左手をしつかりと握つた。

『止せよ！ 見つともない。』と、突劍貪に振り切ると、

『ひどいわ、ひどいわよ、兄さん、罪だわよ、あたしを振つたりなんかして。』

『人中だよ、あんまり變な眞似をするなよ、見つともない。』

『いゝぢやないの、見つともなくたつて、あたしと兄さんの仲は…』

と記されている。

会話の内容は盛っているに違いないが、男娼の言葉がまるで芝居の台詞のようなところが面白い。

浅草の男娼たちがどの辺で商売を行い、どのような様子で客と接していたか、ここに掲げた記事からその片鱗を伺うことができたのではないだろうか。

ここに掲げた記事については、戦前に出版された書籍の中でも極めて少ないリアルタイムの〝ゲイ〟生態に触れたもので、肝心な部分に伏字があるところに内務省による検閲の目が光っていたことが伺われる。

夜の浅草六区興行街。右手には金龍館がある。1922年頃。

浅草（山谷）の陰間宿

日雇い労働者が集まり、今でもドヤ街と呼ばれ、多くの安価な簡易宿泊所が集まっている台東区清川、かつては浅草区山谷町の町名であった（今も通称で山谷と呼ぶ人は多い）。そもそも江戸時代から山谷には木賃宿が集まっていた歴史があり、実際に行ったことはなくとも、フォークの神様といわれた岡林信康が歌った『山谷ブルース』で地名を知っている人も多いだろう。

筆者が二〇〇五年頃に山谷周辺を散策した時は、建築当時はモダンな建物だったのだろうなと思うような戦前の建物が、いくつも簡易宿泊所として営業をしていたのだが、かつての山谷は陰間宿、男色宿が集まる地域であった（陰間宿、男色宿が今でいうラブホテルなのか、あるいは妓楼のようなものなのかは判然としない。後述する記事には「かげまが抱えられている」との記載もあり、男娼の商売を取り仕切る組織があったのかもしれない）。

一九三一（昭和六）年の記録を見てみると、約百五十軒の簡易宿泊所が存在しており、コーヒー一杯が十銭ほどの時代に一泊の宿泊料が十五〜三十銭だったというのだからめっぽう安い。

山谷はどのようにして陰間宿が集まる街として成立をしていったのかという点については、興味深い一文が残されている。当時の暴露記事やルポなどが多く掲載されている『實話時代』（一九三一年十一月号）を紐解いてみると「浅草裏街生活者の點描」という浅草の男娼を取り上げた記事が掲載されており、そこには

「彼らの大部分は流し藝人である。三味線を片手にカフェー、飲食店を歩く者、或は晝間、化粧品その他の廣告宣傳に三味線踊りで市中を歩く者（チンドン屋とは違う）中には夜になると戸毎に御詠歌を唄つて歩き生活費を稼ぐ人間もいる。食えなくなれば、どんな商賣でもやる彼らであるが、いつも女らしい言葉

と態度、手足や顔への薄化粧は如何なる場合も決して忘れない」

と記されている。

さらにここには実際に四人の男娼が取り上げられており、それぞれに簡単な略歴が記されている。

お栄ちゃん（26）

赤坂の相當古いペンキ屋の三男に生れた、十七の春、長唄の稽古に通つてゐる頃、兄弟子からおだてられたのが元でこれが病みつきとなり、家を飛出して一時は河合武雄の一座へも入つてゐたが結局は浅草へ流れ込んだまゝ、浮び上がれないで彼らの群れに入つてしまつた。

このお栄ちゃんのように若くして男の味を知り、芸界に身を投じ、そして最終的には男娼の群れに入ってしまったというのは、当時の〝ゲイ〟の世界では珍しい話ではない。

ほかにも新橋演舞場のボーイをしていた者、さらには金になればいいと職業男娼をしている者のことも記されているが、何しろエログロ記事に対する検閲が厳しかった時代のこと。この記事の多くの部分が伏字となっていて、全容を解き明かすのは不可能となっている。

しかし、この記事が本当なのであれば、山谷に集まっていた男娼たちには名もない放浪芸人たちが含まれていたというのだから驚きである。

また、この記事ばかりではなく『中央公論』（一九三二年一月号）に掲載された「裏から覗いた浅草」にも、お梅ちゃんという元労働者の男が女装をしており、三味線を弾きながら端唄を唄い、一時間七十銭〜一円の金額を取っている旨が記載されている。この女装をしたお梅ちゃんだけでなく、女装はしないが芸人のターさんという〝ゲイ〟もいて、パトロンがついているとも記されている。彼らは「他の女装の男たちも、豊かな生活をしてゐる」とあり、日雇い労働者が多く暮らす町で、高価な着物を着て女装をした彼らは派手に日立ったことだろう。

戦後のことになるが一九五三（昭和二十八）年に刊行されたルポルタージュ集『浅草』（野一色幹夫、富士書房）にも、三味線流しの〝ゲイ〟がいたことが記載されている。

六尺豊かな大男。それが粉やのオバケみたいにコッテリとお白粉を塗たくり、猿芝居みたいな島田のカツラを頭に載せ、甘い聲で鼻にかけるのだが色氣どころか、豚が泣くような太い聲だ。
「こんばんわア、唄わしてちょうだいよウ」と、いきなりボクの手を握り……
「オジさん、和服が似合うわネ」といいながらシナダレかかる。體重十八貫ぐらいあるらしいのでボクは倒れそうになり、ゾッと寒氣を催し、
「君のほうこそオジサンじゃないか」と突ツ放すと、ヒドク怒り、
「まア失禮ね」と、色氣どころか、妖氣漂う流し眼。

と、はなはだ滑稽に、三味線流しの〝ゲイ〟が描かれている。

ちなみに、筆者が昭和三十年代から浅草や錦糸町でギター流しをしていたA氏に話を伺ったところによると、浅草には昭和四十年代まで〝ゲイ〟の三味線の流し（新内流し）がおり、いでたちは着流しに日本手ぬぐいを頭に被るというものだったそうだ。その三味線流しは「男に振られていつも泣いていた」そうで、浅草に芸人

崩れの〝ゲイ〟たちが集結していたのは、長年の伝統だったことがわかる。

また、前掲の『犯罪科學』（一九三〇年七月号）「新東京陰間團」にも安っちゃんという満二十歳で子役あがりの美青年男娼が紹介されている。

今でこそ芸人、芸能人といえば、憧れの眼差しでチヤホヤされる存在であるが、かつて芸人という職業は河原乞食と呼ばれ、芸を披露してお金を乞うなどは人間としてあるまじき行為と思われており、蔑まれた存在であったのだ。

筆者が二〇一九（令和元）年に歌手・こまどり姉妹のお二人にインタビューした時に伺った話であるが、一九五一（昭和二十六）年にこまどり姉妹一家が北海道から上京した時のこと、上野駅でタクシーを拾い「一番安い宿があるところにお願いします」と言ったところ、山谷に連れていかれたという話を思い出した。現に、こまどり姉妹さんは浅草で門付けや流しをしながら、長く山谷で生活を送っていたのだ。

これらをまとめてみると、日本一の繁華街であった浅草周辺で日銭を稼ぐために、芸人たちが安価な宿が集まる山谷に定宿を求めて集まり、門付けや流しを行いながらも、〝ゲイ〟の素質があるものは体も売って生活をしていたのが本当のところであろう。

前掲の『實話時代』では、「彼ら」が集まっている宿として「砂×屋」という宿の名が挙げられている。当時の山谷の男娼の数については、正確に記すことはできないという前置きがありながらも「三十人を越へることは間違いない。或は五六十人居るかもしれない」とある。「新東京陰間團」にも「五十餘人のかげまが抱えられている」とあるので、大体五十人前後の男娼がいたと思われる。

また平均年齢は二十代が主で、極端に若年層の〝ゲイ〟は見当たらないという記載も残されており、最高齢の男娼で五十三歳の男がいたとある。

そしてこの山谷の街がいつまで〝ゲイ〟の集まる街であったのかに関しては、日本初の会員制ゲイ雑誌『ADONIS』(四三号、一九五八年)に、

「S屋なる旅館は本格的なこの方面の旅館で、素人が多く、十二時を過ぎると大戸を下してしまうので、屋内では思い切り大胆な絵巻がくり展げられるとのことだった。お互いに素っ裸になった男達が訪れる。部屋から部屋を渡り歩く。じっとしていても入れ替り立ち替り男達が訪れる。その中で好みに合った相手と遊べばいい。運転手あり、学生あり、芸能人ありで、面白さに夜の白むのも忘れて遊べる。一泊三百円也である云々」

との記載が残されている。「S屋」は、当時の山谷でもインラン旅館として有名であった砂川屋のことであろう。これが一九三一(昭和六年)の『實話時代』に掲載された「砂×屋」と同じ旅館であれば、東京大空襲をはさんで二十年以上、インラン旅館として営業していたと思われる。二〇〇五年頃の山谷には戦前の建物が多く存在していたことから、山谷周辺が大規模な空襲に遭っていないことは明確なため、「砂×屋」と「S屋」が同じ「砂川屋」である可能性を捨てきることはできない。改めて検証が必要な部分である。

映画館の暗闇を求めた男たち

ここまでで、サトウハチローの小説『浅草悲歌』に出てくる

「浅草にはね、不思議に男を愛する人間が沢山ゐますよ」

「不思議だね、それも浅草の七不思議の一つだね」


の答えが見えてきたような気がするが、ほかにも浅草にゲイが集まった理由について述べていきたい。

それは『ＡＤＯＮＩＳ』を虱潰しに調査しているときに、偶然遭遇した記載であった。『ＡＤＯＮＩＳ』にたびたび寄稿している（仮名）Ｓ・Ｋ（一九一六年生まれ。手記ではたびたび音楽学校卒業であることを述べている）という人物が執筆したものである。

彼が自らの男色経験を回想した寄稿文の中に

「私はその頃、千日前に聳える歌舞伎座の向かいにあったアシベ劇場の常連だった。現在のアシベ劇場は素晴らしい近代建築を誇っているが、当時は実につつましい古びた映画館だった。男色家達の集まる有名な映画館の一つであった……」

との記載を読んだときピンと来た。この記載を読んでから、いろいろと気に留めて文献を読み漁ってみたところ、昭和三十年代後半に発行された同人雑誌『同好』の七七・七八号にも

「そのケの者はやはり昔も今も変わりなく存在していたのは事実だ。ではそれらの人達はその頃どこでどんな風にして相手を求め欲求を満たしたかというと、さしづめ映画館と公衆便所とだけがその選ばれた場だったろうね」

との記載があった。

また時代は下るが一九五四（昭和二十九）年に高畑益朗が『風俗科学』に発表した「東京に於けるソドミアの實態調査報告」にも「彼らはその相手を何處で發見するのであろうか。その答えには45％は映畫館、30％は公園、15％は喫茶店其他飲食店、残り10％が電車其他となつている」とあり、ゲイの出会いの場として最も利用されていたのが映画館だったのだ。

映画館と暗闇を求めるゲイ。映画館といえば浅草……。もしや浅草の映画館が男同士の出会いの場だったとしたら……。そんな憶測をもとに調べを進めていたところ『ＡＤＯＮＩＳ』（四三号）に決定的ともいえる記載を発見することができた。

やはりＳ・Ｋによる筆であるが、戦前の浅草六区にあった「Ｔクラブ」と「三友館」で知り合った男と性的行為をしたという記載があったのである。三友館は一九〇七（明治四十）～一九四四（昭和十九）年まで今の浅草演芸ホールの場所にあった映画館であり、「Ｔクラブ」は東京倶楽部のことであろう。東京倶楽部は一九一三（大正二）～一九九一（平成三）年まで営業していた映画館で、二館とも浅草で長い歴史を誇っていた大きな映画館である。浅草の映画館がハッテン場だったという記載はＳ・Ｋだけではなく、『ＡＤＯＮＩＳ』（三五号、一九五七年）の「夜の浅草を行く」でも
「三流館位いの古い忍術チャンバラの二本五十五円の映画館の表に立った。この小屋がその筋の集まるところだよ。まあ入ってみな。大変だから……」

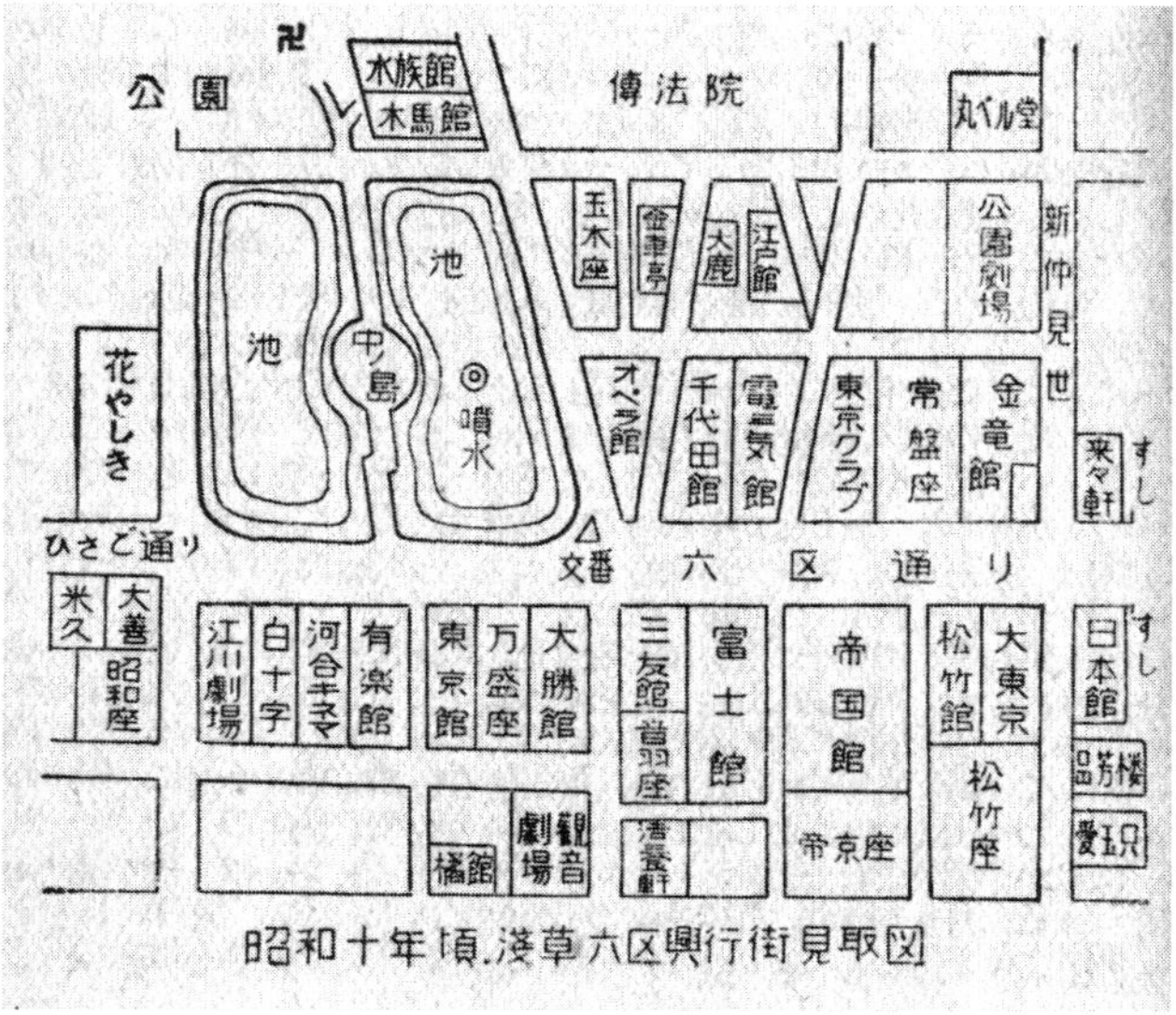

昭和10年代の浅草六区。昭和座は旧・凌雲閣、図の卍マークは浅草寺である。
（高見順『浅草』英宝社、1957年より）

とあり、その後生々しい性的行為の描写がされている。

ほかにも『風俗奇譚』一九六三（昭和三十八）年一月号に掲載された「全国ホモのハッテン場」の中でも、「まず浅草からいくと、東京倶楽部、新劇場、ロキシー、日本館、大勝館の三階、木馬館」と明記されている。これらは映画館ということで紹介されているが、木馬館だけは現在も存在する純然とした演芸場である。また『QUEER JAPAN』（二〇〇一年九月号）に掲載された晩三吉の回想録にも「当時の浅草には「東京倶楽部」をはじめ数件の発展場映画館」との記載がある。

この三編とS・Kの一文の違いは、S・Kが戦前の回想であるのに対して、後者の三編は昭和三十年代の浅草のルポであるところだ。ことに数少ない浅草のハッテン場の記載に必ず「東京倶楽部」が挙げられていることから、当時のゲイの中で東京倶楽部は浅草でも最も有名な発展映画館だったのだろう。

また前掲の『同好』七七・七八号には戦前の映画館で、どのように相手に挑んだのかの記載があったので、ここに引用してみる。

群衆の中で手をうしろに廻して尻のあたりで組んでいる者は、ま違いなくそれで、此方からひとつ仕掛けてみようかな、と思う相手だったら、その背後にぴったり寄り添い、此方の局所が先方が組んでいる手に触れるように持って行く。すると必ず相手は一度振り返って此方の首実検をする。それで気に入ったとなると、組んだまゝの手の甲で軽く圧して此方の反応を待つのだが、その時決して掌や五本の指で露骨にタッチするなどは以ってのほかと言うべきで、あくまで自然に手が触れたとの態度がかんじんなので、それで結構背後の者の昂奮状態は手の甲にピクピクと伝わるのである。そこまで行くと〆めたものでどちらかが袖を引いて連れて出る段階になる。

と、これが戦前の映画館でのハッテンの流儀だったようである。

そして「浅草の映画館で話しかけられ、国際劇場の裏のほうにある旅館へつれて行かれ」(『風俗奇譚』一九六六年一月号)となったのであろう。

このように浅草に〝ゲイ〟が集まった理由として、映画館や劇場の暗闇を求めていたためというところを明らかにしたが、ほかの理由として、〝ゲイ〟には歌舞音曲が好きな人が多いといわれている。そのため、映画だけでなく、男装の麗人が颯爽と舞台を繰り広げた少女歌劇、ジャズやタップがふんだんに取り入れられたレビュー、はたまた美しい女形が出演する芝居などが日々上演されていた浅草には、ハッテン目的ではない〝ゲイ〟も多く訪れていたことだろう。

これは補足となるが、筆者が浅草で芸人や地元商店の旦那衆と飲んでいる時に、戦前から浅草にあった今はなき戦前からの老舗銭湯の話になった。ここは六区興行街から数分という立地だったため多くの芸人たちが利用していたが、昭和三十年代には既にオネエ丸出しのゲイたちの姿が多く見られたそうだ。「目が合ったら誘われちゃったりしてさ」「下は丸出しなのに胸だけは手で隠してるんだよ」と笑い話になったが、銭湯もゲイの出会いの場として知られている。某銭湯も密やかなゲイたちの出会いの場だったことだろう。

いつから浅草が〝ゲイ〟の聖地となったか

そもそも浅草が歓楽街となった歴史は意外に浅く、明治中期頃から浅草六区に芸能が集まるようになって、日本一の興行街を形成した。それとほぼ同時期にランドマークタワーであった凌雲閣が開業し、飲食街や商店が更なる発展を遂げたのであった。

そこで、いつ頃から浅草が〝ゲイ〟の聖地となっていったのかという点である。

前述した事柄だけでなく、そのほかの資料を紐解いてみると、ある時期の周辺を境に線を引いたように浅草のゲイに関する記事が登場するようになる。それが一九二三（大正十二）年の関東大震災である。

関東大震災の復興によって、地方から多くの現場作業員が出稼ぎに上京し、山谷には安価に宿泊できる簡易宿泊所が急ピッチで乱立したであろうことは容易に想像できる。また現場作業員だけではなく、震災の混乱のために行き場を失った芸人たち、また、身元を隠さざるを得ない人たちも山谷に集結したことであろう。

そして噂が噂を呼んで、山谷には男娼が集まるようになり、また素人の男同士が宿泊する場所となっていったと推測できる。もちろん、関東大震災以前にも多くのゲイはいたと推測できるが、震災をきっかけに、より多くの同性愛者が集まったと考えられる。

今回は浅草の男娼について特化して書いているが、そもそも浅草周辺は大変な数の女性の私娼が商売をしていた地域であり、一九二七（昭和二）年の調査によれば東京で商売をしていた私娼の数は三万六千五百四十二人に上っている。浅草周辺で商売していた私娼の正確な数は判然としないが、当時の代表的な私娼窟である玉の井（現・墨田区東向島）だけで九百五十人を数えているので、浅草周辺にも数百～数千人単位の私娼が生活していたと推測できる。

このように、男娼だけでなく、娼婦も共存していたこともつけ加えておきたい。

4 浅草の〝ゲイバー〟の歴史

浅草の〝ゲイバー〟の歴史を追っていると、戦前から〝ゲイバー〟があったという伝説は残されているが、どのような店があり、どのような特色があったかなどの明確な記録が残されていない。浅草に限らず、当時〝ゲイバー〟と称するものは存在していなかったので、ゲイ界隈で口伝によって広まり、ゲイたちが自然に集まる喫茶店やカフェーなどがあって、それが後年当事者たちが回想するときに「浅草には戦前からゲイバーがあった」という発言になったのであろう。別項で述べているように、浅草周辺にはゲイが多く集まっていたので、ゲイたちが好んで集まる喫茶店や酒場が複数あっても不思議ではない。

そこで可能性として記載しておきたいのが、浅草オペラの舞踊家だった澤マセロが大正時代に経営していた「マセロティールーム」のことである。

大正末期における「マセロティールーム」の存在

今でいうところのオネエ舞踊家のはしりといえる澤マセロであるが（澤マセロについては別項を参照）、浅草オペラの機関誌である『オペラ』（一九二四年十二月・一九二五年一月合併号）のページを捲っていると、目につくのがマセロが開業した「マセロティールーム」に関する記載である。
当時の記事によれば、一万円の借金をして浅草の裏に開業した（浅草裏とは、おそらく今の千束あたりのことを指すのではないかと思われる）というもので、ＰＲ広告を打ち出したほか、店内の内装もかなり凝っていたようで、手軽な喫茶店というより立派なカフェーのような雰囲気だったとの記載がみられる。これらの記事に店の様子を知ることができる写真などは掲載されていないが、マセロはオーナーであると共に、自分でも店に立ち、接客をしていたとのことだ。

「コーヒー茶碗を手にし乍ら、ダンスをしてゐる。」

「彼が『テル、ミー』なんか、呟き乍ら、ステップを踏んで見せたり蓄音機に『トレアドルソング』なんか、かけてくれたり、中々面白い所だ」

ちなみに『テルミー』とは当時の最新流行のダンスミュージックとして日本ジャズ草創期の重要なレパートリーとなっていた一曲で、『トレアドルソング』とは、オペラ『カルメン』の中で歌われた『闘牛士の唄』のことである。
そこで、オネエ言葉を駆使するダンサーが喫茶店を開業し、オネエキャラを前面に押し出したマセロ自身が給仕していたところが気になる点といえる。
普通の喫茶店であれば店主が踊ったり歌ったりしながら給仕をすることはない。残された記録からは、現在の賑やかなゲイバーのような雰囲気であったと感じられるのだ。澤マセロのファンのみならず、浅草オペラのファンや、芸能の同業者たちが多く詰めかけたのではないだろうか。

雑誌『オペラ』も間もなく廃刊し、その後、浅草オペラ自体も凋落する。そのため、マセロティールームに関する記事だけでなく、マセロ本人に関する情報もたどりづらくなってしまうので、マセロティールームがどのような末路をたどったのかは現在のところ不明である。

おそらく開店したのは一九二四（大正十三）年だろうから関東大震災直後の混乱期である。


本来であれば、私がここで「大正時代のマセロティールームがゲイバーの元祖」と言いきれればキャッチーであるが、今や証言を取ることもできないし、資料も限られてしまうので、そこまで断言することはできない。

また、都市伝説のような形で「戦前の浅草にもゲイバーがあった」と伝えられてはいるが、今回の出版までに戦前の浅草にあった〝ゲイバー〟について記された当時の資料を見つけることはできなかった。

そんな中、あくまでも可能性として、大正時代にオネエキャラを前面に押し出していたダンサーが経営していた喫茶店が浅草にあった、という記録を残しておきたいと思う。

今後も引き続き、戦前における浅草の〝ゲイバー〟については調査を継続していくつもりである。

戦後における浅草のゲイバーの歴史

浅草に根付いた〝ゲイ文化〟も、太平洋戦争の開戦を経て一九四五（昭和二十）年三月九～十日にかけての東京大空襲によって、一時期終息に追いやられてしまっただろうことは容易に想像ができる。

戦後に記された浅草のゲイバーに関する記事を調査すると、新宿のゲイバーを紹介した記事よりも数が少なく、しかも私の手元にある最古の浅草のゲイバーに触れた記事、『人間探究』（一九五二年八月号）の「男色社交場」をはじめ、そのほかに残された記事も店名が伏字になっていたり、意外と戦後浅草のゲイバー勃興期を追うのは困難となっている。しかし、ここでは、複数の資料を重ね合わせ、実地調査を行い、昭和二十年代の浅草のゲイバーの歴史を追うことにしよう。

一九四五（昭和二十）年三月の東京大空襲による浅草の被害は甚大で、国際劇場や六区にあった鉄筋コンクリート造りの劇場、浅草小学校、神谷バーなどが被害を受けながらも何とか焼け残っただけで、そのほとんどが焦土と化してしまった。昔から変わらないようなイメージの浅草だが、今から七十年ほど前には、焼けて朽ち果てた民家、焼死体が累々と積み重なるという、地獄絵図の様相を呈していたのであった。

そして一九四五（昭和二十）年八月十五日、終戦。日本有数の繁華街だった浅草には家を失った人々や復員兵など多くの人たちが集まり、そこに戦勝国の人々による不法占拠、暴力団や愚連隊の抗争などが巻き起こり、なんとも物騒で雑然とした中、浅草の街は復興していくことになる。

そんな時代背景の中、浅草雷門二丁目（現・浅草一丁目）で開業したゲイバーの草分けが「玉辰」であった。「玉辰」の開業時期に関して、台東区に残された火保図（「火災保険地図」「火災保険特殊地図」）で追ってみたところ、戦後で一番古い一九四九（昭和二十四）年のものでは「玉辰」の場所が空欄となっており詳細は不明、「玉辰」の店名が地図に記載されるようになるのは一九六二（昭和三十七）年からであった。これは、「玉辰」に限らずゲイバーなどの場合は、火保図や住宅地図に名前を出していない例がかなり多いからだ。

しかし一九五五（昭和三十）年に刊行された雑誌『あまとりあ』の終刊号には、すでに浅草で最も古いゲイバーとして記載されているので、昭和二十年代前半に開業したと推測するのが妥当だろう。ほかの土地のゲイ

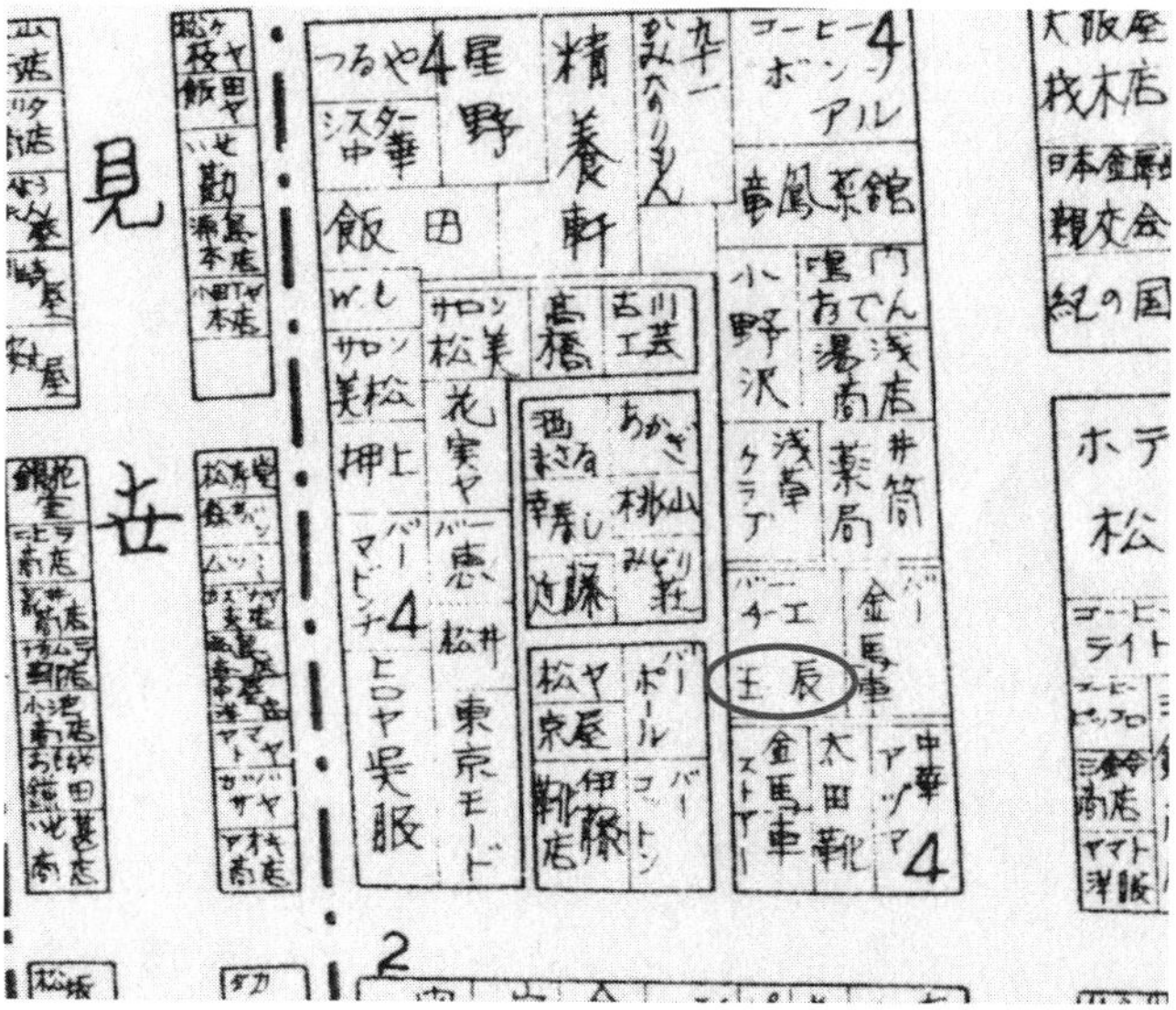

1962年の火保図より、玉辰が営業を行っていた一角。現在もこの露地は存在する。

バーの開業時期と照らし合わせると、新宿「夜曲」が一九四六（昭和二十一）年、「イプセン」が一九五一（昭和二十六）年、上野の「湯島」が一九五二（昭和二十七）年と、このようになっている。

この「玉辰」が営業していたコの字型の露地は、今でも浅草新仲見世の浅草松屋附近に残っており、いかにも目立たない場所であるところに、ゲイバーがこっそり営業せざるを得なかった時代を彷彿とさせるところがある。一九四九（昭和二十四）〜一九五〇（昭和二十五）年の火保図を見ると、玉辰の店があった露地のほかのほとんどの店が古着屋で、それから一九五五（昭和三十）年までにかけて飲食店が軒を連ねるようになっている。

「玉辰」は店先に掲げられた提灯が目印の居酒屋風の店で、店内は比較的広く、五十歳前後と三十歳前後の男性カップルが経営していたほか、三人の店子がいたといわれている。また、注目すべき点としては、玉辰の客層が中年から初老が中心だったというところである。

ゲイ界隈で「浅草は老け専の街」というのが通説となって久しいが、その起源をたどると浅草最古のゲイバーがすでに老け（中年）専だったのが感慨深い。一九五七（昭和三十二）年に刊行された『第三の性』（太田典禮、妙義出版）には

「中年のボーイをおいているところは、浅草の二、三の店で、他の土地には見られない」

と記載されており、客層としては商店主、遊び人、工員、また田舎からの観光者が多かったという。

また、地元の人の来客が少なかったのもポイントで、わざわざほかの地域から中高年を求めて浅草に老け（中年）専のゲイたちが集まっていたのだ。

なお「玉辰」は住宅地図によると少なくとも一九六三（昭和四十三）年までは存在していたことが確認できた。ゲイ雑誌『ＳＡＭＳＯＮ』（一九九七年六月）に掲載された「浅草男街今昔物語」には、「玉辰」の経営事情が記されており、江戸川乱歩や三島由紀夫（一九二五―七〇）も、この「玉辰」の暖簾をくぐった客たちだったと記されている。

そして、この玉辰の出店がきっかけになったと思われるが、「玉辰」があった露地の奥に、続々と通称「新田実の店」（後に「きよし」）、「双葉」「桃山」「喜扇」が開業されていくことになる。

「新田実の店」は後述するとして、「新田実の店」の廃業後に同じ店舗で開業したのが「きよし」であった。「きよし」の経営者は三十代半ばの既婚ゲイで、妻の了承を得て開業したのだという。こちらも老け（中年）専バーで、三十～四十代の店子が二人のほか、若い店子の計三人がカウンターに立っていたそうだ。

ほかに喫茶店の跡地で営業を始めた「双葉」は一九五五（昭和三十）年時点で二十八歳の青年が切り盛りしていたゲイバーで、十代の店子が三人いたというが、この店子も老け専だったという。一九五五（昭和三十）年の火保図をみると、「双葉」の店名が記載されているが、一九六二（昭和三十七）年には別の店名が記載されている。

また「桃山」は、ゲイバー露地の一番奥まった部分に店舗を構えた店で、一九五〇年代後半に同じ露地内に移転はしているが、少なくとも一九六八（昭和四十三）年までは営業していた形跡が見られる、息の長い店だったようだ。

一九五七（昭和三十二）年の『ＡＤＯＮＩＳ』（三五号）には

横向ふの角に赤い提灯が出てゐる戸を開けた。深海のような暗い灯り。「あら、いらつしやい。カーさん久し振りネ。何にしよ？」完全な女形。ところが頭は滝の白糸。もう一人は中原淳一好みの美青年。（略）ビールが運ばれ、チーズが来たり。老いた女形が面白おかしく友人の膝にもたれて、お芝居の様な身振りで話をしてゐるのをみると別世界だ。美青年は無口だ。「こんなお婆ちやん芸者ですまないわね」と年老いたおじさんがワイワイキヤキヤ云つてゐると青年が言つた。「あの人は終戦後は日比谷の男の花道へ立つてゐたんだつて……」

と記載されており、マスターと思われる人物がハッテン場として有名だった日比谷公園に出入りしていたことがわかる。また、突き出しでチーズを出していたというのも面白い。

「喜扇」に関しては火保図や住宅地図にその名を確認することはできないが、狭いおでん屋のような雰囲気の店内で、『あまとりあ』（終刊号）や『ＡＤＯＮＩＳ』（三五号）のほか、いくつもの文献にその名を確認できるので、間違いなく存在したのだろう。

このように「玉辰」を中心にしてゲイバーが集まった露地のほかに、国際通りとひさご通りにはさまれた露地に、当時の浅草のゲイバーとしては有名だった「博多屋」があった。

「浅草男町今昔物語」には、博多屋が開業したのは昭和二十二、三年頃と記されており、「玉辰」と「博多屋」と、どちらの方が開業が早いのか、今となってはたどることが困難となってしまった。いずれにせよ「博多屋」は狭いカウンターを囲んだスタンド式の店で、博多出身の還暦近い経営者と三十代半ばのカップルが切り盛りしたゲイバーであった。


「マスター夫婦は、二人とも男性で、愛しあつて一緒になつた間柄だから、客同志の交情にも理解があり、戀のとりもち、縫れ事のとりまとめ、何でもマメマメしくやってくれる」（『人間探究』一九五二年八月号）

とあり、この面倒見のよさがゲイたちに親しまれたのだろう。博多屋の廃業時期については、住宅地図によると一九八一（昭和五十六）年まで屋号を確認できたので、一九八〇年代初頭に廃業したと考えられる。浅草のゲイバーの中では、三十年以上営業していた老舗であった。

そして浅草では数少ない若年向けのゲイバーだったのが、浅草本願寺の北側周辺にあった「ロベリア」だった。「ロベリア」はお好み焼き屋と酒場を兼業しており、二階を店舗としていたが、一九五五（昭和三十）年頃に一階をサロン風に改装したという。マスターは三十代前半の男性で、浅草のほかの店が大体三人ほどの店子と経営者が接客するという現在にも通じるゲイバーの形式で営業していたが、この「ロベリア」は一人の客に一人の店子がつく、いわばキャバレーのような接客を行っていたようだ。二十代前半の四、五人ほどの店子が常駐するほか、ヘルプ要員もいたという。

ほかにも東洋一の規模といわれた浅草国際劇場の南側附近に「長崎屋」があり、この「長崎屋」は「博多屋」の経営者が恋人と思しき人物に出資して開業した店だったとされている。

浅草のゲイバーの特色としては、二〜三階建ての店舗のものが多く、店舗以外の階は意気投合した者たちのベットルームとして、別料金で使用できたそうだ。これは同時期に営業していた銀座の「ブランスウィック」や、新宿の「夜曲」などのゲイバーでは見られないもので（店子を店外に連れ出すことはできた）、いかにも赤線全盛時代を思わせる浅草独特のゲイバーの様式だったといえる。

一九五五（昭和三十）年の時点で、浅草は都内最大のゲイバー密集地として八軒のゲイバーがあった記録が残されており、ここに挙げた「玉辰」「双葉」「きよし」「桃山」「喜扇」「博多屋」「ロベリア」「長崎屋」が、昭和二十年代に浅草で営業していたゲイバーのすべてで間違いないだろう。しかし「玉辰」「博多屋」以外の店は、割と短い期間しか営業していなかったようである。

また浅草寺の裏手周辺となる浅草千束の花園通りでは「趣味の酒場　おきよ」が、一九五二（昭和二十七）年に開業している。この「おきよ」は当時としてはよく知られた女形ゲイバーであった。その理由の一つとして一九五四（昭和二十九）年にハリウッド女優のエヴァ・ガードナー（一九二二―一九〇）が映画『裸足の伯爵夫人』の公開挨拶のために来日した際、マネージャーとパイロットとともに訪れた店だった点も大きいだろう。この店の壁には、エヴァ・ガードナーが置いていったという黒いレースのショーツが飾られていたそうだ。エヴァ・ガードナーが来店した時の様子については、

「うちに来て喜んじゃってね。それで、ヒールを脱いではだしになっちゃったんですよ。ドレスを引きずるからヒモでたぐってやったら、前にいたナナちゃんという子とボレロを踊るんですよ」

「一人で二升くらい飲んだでしょう。それでもケロリとしてましたよ。電気のあかりはきらいだからといって、ローソクをつけさせてのんでいました」

と『実録・エロ事師たち』（吉村平吉）に収録された座談会（一九六三年に開かれた）で、店主のおきよが語っている。

店主のおきよは上野公園で起きた警視総監殴打事件（9項参照）で名を馳せた男娼のひとりで、東京の出身。十六歳のときに大阪で男娼をするようになり、その後、神戸、九州、京都、名古屋を経て、終戦直後になって東京で商売をはじめたのだという。男性であることを隠して愛人生活を送っていたが、手切れ金の五十万円を資金に「おきよ」を出店したそうだ。

店子には、かつて沢村登紀雄と名乗った女形出身の元男娼のとき代が勤めており（新橋方面で男娼をしていたが、後に上野に移動したようだ）、人呼んで「人形のおとき」と言った。「人形のおとき」のあだ名については、

「上野に立ってたとき、気が小さいもんだから、お客に声をかけられないの。それで、ただ黙ってボサーッとしてたんで、お人形みたいに口をきかない、というわけでつけられたらしいのよ」（『実録・エロ事師たち』）

と本人が語っている。なお、この千束周辺のアパートにはもぐりの売春婦やエロ・ショウの俳優、そして男娼が数多く住んでいたそうだ。

なぜ当時の浅草に多くのゲイバーが集まっていたのかについて、かびやかずひこ（鹿火屋一彦）は

「浅草には斯道の好愛者が多く、それも前記の小屋関係の人のごとく、自らの男色好愛を秘するよりも寧ろ昂然とヒケラカス者さえあるのだから、ゲイ・バアとしては営業し易いのではあるまいか」
（『あまとりあ』一九五五年八月号）

と分析している。ちなみに文中の「小屋」とは、劇場のことである。

また、かびやは一九五八（昭和三十三）年刊の自著『夜の異端者』で、ここまで解説した店以外に玉辰のあった露地に「リポア」ほか、「マキシム」「ケニー」「新世界」というゲイバーの名を挙げている。ほんの数年の間に、入れ替わり、立ち代わり、新しいゲイバーが開業していったことがわかる。

男娼に転落した元映画俳優

前述した「新田実の店」の新田実という名を、今やリアルタイムで知る人は数少なくなっているだろう。戦前、彼は新興キネマという映画会社の二枚目俳優として活動していた人物である。

新田実は一九一二（明治四十五）年六月十二日生まれ、東京出身。一三世・守田勘彌の門下となったのを振り出しに、一九三二（昭和七）年に日活太秦から松平不二也の名で映画俳優デビューを果たすこととなる。その後、一九三四（昭和九）年千恵プロに移籍するも芽が出ず、一九三七（昭和十二）年に新興キネマに移籍し、新田実を名乗るようになった。

新興キネマで人気を誇っていた頃の新田実。上品な顔立ちで数多くのメロドラマに出演した。（『新興映画』No.20、1939年より）

新興キネマは松竹傘下の会社で、松竹や東宝などの大手会社よりも大衆的な作品づくりに徹した会社であり、会社の看板スターとしては山路ふみ子（一九一二―二〇〇四）を筆頭に、鈴木澄子（一九〇四―八五）、古川登美、真山くみ子（一九一六―？）、淡島みどり（一九一七―？）、美鳩まり（一九一九―六二）、そして後に日本を代表する女優となる森光子（一九二〇―二〇一二）も新興キネマの出身である。俳優としては立松晃（一九一三―？）、若原雅夫（一九〇七―？）、宇佐美諄（一九一〇―八〇）などが現代劇の二枚目として活躍していたが、その新興キネマ二枚目俳優の準主役級として多くの映画に出演していたのが新田実であった。

新田は育ちのよさそうな雰囲気につつまれた二枚目であるが、彼が新興キネマ時代に出演した作品はほとんど現存していないので、戦前にどのような雰囲気で演技をしていたのか知ることは難しい。そして、一九四一（昭和十六）年限りで戦前の映画出演が途切れているのは兵隊として召集されたからなのだろう。

そんな彼が映画界にカムバックするのは一九四八（昭和二十三）年のことだが、多くの人々の記憶に残る作品としては一九五一（昭和二十六）年に公開された『あの丘越えて』が挙げられる。この『あの丘越えて』では、なんと美空ひばり（一九三七―八九）の父親役を演じているのだ。一九五〇年代初頭の美空ひばりといえば、飛ぶ鳥を落とす勢いの少女スターであり、ことに菊田一夫原作の『あの丘越えて』は美空ひばりの少女時代を代表する作品である。この映画はソフト化されているので容易に鑑賞することができるが、新田実はブランクがあったのにも拘わらず品の良い父親役を好演している。

この映画は大ヒットとなり、新田の露出も絶対的に増えただろうが、これがきっかけとなって新たな俳優としての道が開かれることはなく、以後、彼は映画界から遠ざかった。

そして映画界を去った後、彼が姿を現したのが浅草であった。

浅草でゲイバーが数件軒を連ねる露地に、通称「新田実の店」を開店したのは、芸能界を退いた後なのか、それ以前から経営をしていたのか、詳細はわからない。

まだ浅草のゲイバー創世期ではあるが、すでに浅草のゲイバーには老け（中年）専が集まっていたことは前述の通り。新田も四十代となっていたことから、それなりに需要があったのであろうが、店は長続きしなかった。この店は一九五五（昭和三十）年頃には「きよし」という別の店に変わっているので、ほんの数年のゲイバー稼業だったようである。

これらの情報は雑誌『あまとりあ』（一九五五年終刊号）によるものだが、浅草のゲイバー史について詳述された数少ない記事といえる「浅草男街今昔物語」（『ＳＡＭＵＳＯＮ』一九九七年六月号）によれば、新田は元々「玉辰」で店子をしたのち「きよし」に引き抜かれたとも記載されている。

その後の新田実の動向については、ほとんど都市伝説の域を出るものではないが、「浅草男街今昔物語」によれば、店子を廃業後は山谷で女装し、男娼をして生計を立て、男娼として売れなくなると昼間は辰巳倉庫で荷役をしていたとされている。

今となっては新田を直接知る人はほとんどいなくなってしまったが、芸人Ｘ氏はかつて新田実と同じ新興キネマで女優として活躍した淡島みどりが「実ちゃんはオカマだからね」と言っていたのを聞いたことがあるという。仲間うちでは、戦前から同性愛者であることが知られていたようだ。

また芸人X氏は、新興キネマ出身の俳優・加賀邦夫（一九二三―二〇〇二）にも新田実の話を聞いたことがあるという。加賀が舟木一夫公演で新宿コマ劇場に出ている時に新田から電話があり、「酒を飲ましてほしい」とのことで、新宿で待ち合わせをして一緒に飲んだことがあったそうだ。そして金を貸して欲しいといわれ二万円を渡したが、それっきり姿を現すことはなかったという。その後、新田は亡くなったといわれている。

かつての二枚目俳優が年老いて見向きされなくなり、落ちぶれていくという、ゲイの悲しい生きざまであった。

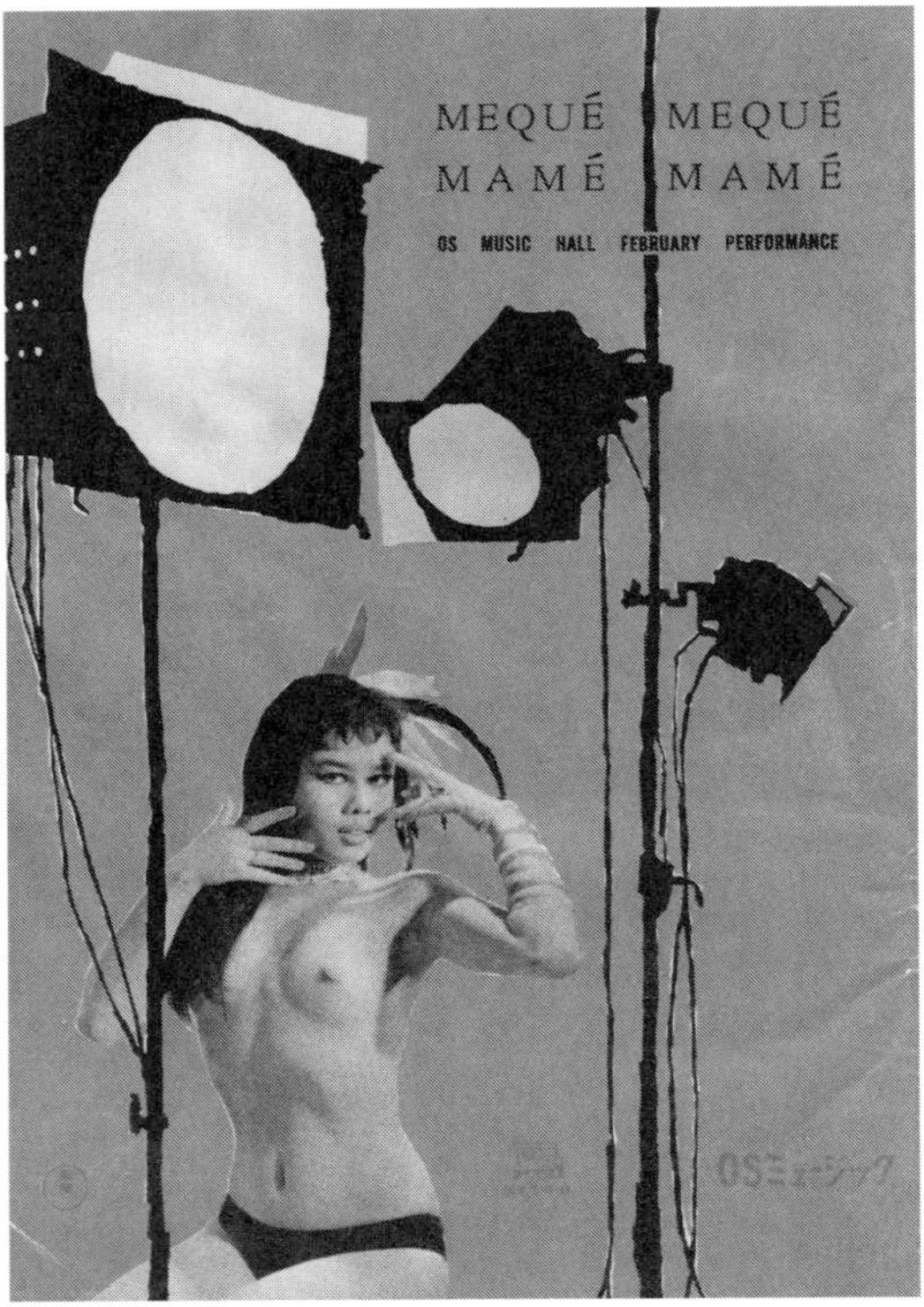

大阪のOSミュージックで上演された『メケメケ・まめまめ』（1958年）のパンフレット。

浅草で店を持った銀座ローズ

日本一の繁華街である銀座の名を語り、いかにも華やかな芸名で昭和中期のLGBT（当時LGBTという言葉はないが）界に彗星の如く現れ、性転換ダンサーとして今も語り継がれる銀座ローズ。

その銀座ローズと浅草というと異質の組み合わせのような印象を受けるが、銀座ローズが人生の後半に自らの活動の基盤としていたのが、何を隠そう浅草だったのだ。

銀座ローズは一九三〇（昭和五）年北海道旭川出身、本名を武藤隆夫（後に真理子と改名した）といった。メケメケブームの最中であった一九五八（昭和三十三）年二月、大阪OSミュージックホールで行われた公演『メケメケ・まめまめ』に女装ダンサーとして登場。そこで大阪の人々を驚かせたことが、銀座ローズとして最初期の芸能活動の記録である。

当時のパンフレットには、満洲生まれで終戦時にはソ連軍のスパイとして暗躍したと記載されており、

「その大胆な踊りと、姿体よりかもし出す妖気は見事なもので、未だ彼女を男と見破った人はなく、東京中の人気をさらった形で、誰いうとなく〝銀座ローズ〟と呼ばれている」

と、いかにも謎めいた存在として紹介されている。

元々は銀座と旭川にクラブを開業していたが、ダンサーとしての活動を廃業したわけではなく、ずっとお店と並行して舞台活動を行っていたそうだ。銀座ローズと友人関係にあった芸人のN氏に筆者がインタビューしたところによれば「ローズさんはいい人でねぇ、顔はすごくいい顔してたからね。踊りはうまかったですよ」と回想する。N氏と銀座ローズの出会いは一九六〇年代初頭で、当時アイドルだったこまどり姉妹、グラマー女優として名を馳せた筑波久子、そして銀座ローズという三枚看板の地方興行が行われ、その司会をしたのが最初の縁だった。その後、しばらくして北海道旭川のヘルスセンターで再開した時の話が面白い。

「旭川のヘルスセンターでショウをやったときのことなんですよ。控室にいたらバンドマンが『参ったよ、風呂場におかまが寝そべっちゃって目のやり場に困ったよ。Nさんちょぃと見て来てよ』と、こう言うん

です。それで行ってみたら、銀座ローズだよ。ほかにも三人くらいのおかまが寝そべってやんの。そしたら『あ、Nさん！』なんつって、そしたら『実はこっちに店だしたのよ』ってこういうんだよ、あの人は旭川出身だから。その時はこっち（浅草）にヘラクレスを出していたからね」

と、風呂に銀座ローズたちが入り込んで一騒動を起こしたことがあったそうで、とんだイタズラ好きな一面もあったようだ。

そして、銀座ローズは浅草へと移住し、一九六七（昭和四十二）年には浅草の国際通りに面したマンションの一階にホストクラブ・ヘラクレスを開業することになる。ヘラクレスはそこまで広い店ではなかったが、筋肉が隆々としたホストたちを揃えており、男たちは上半身裸・パンツ一枚で接客をしていた。なお、芸人N氏の案内によれば、ヘラクレスが営業していたという店舗は二〇二二（令和四）年現在も残されており、別のバーが営業を続けているようである。

銀座ローズのブロマイド。当時の同性愛者界隈で最も有名なひとりであった。1965年頃。

その後ヘラクレスは閉店したが、一九八八（昭和六十三）年には、また浅草の別の場所（地下にある店だったという）でゲイバー・銀座ローズの店を開業。芸人N氏によれば、この銀座ローズの店には五、六人の女装者が接客しており、フロアショウを見せていたそうだ。なお彼女の夫も、浅草の旧・仁丹塔附近に別にゲイバーを持っていたという（その店も地下にあり、同じビルの二階には「ふるさと」というゲイバーが入り、フロアショウを見せた）。
銀座ローズの詳細な没年はわからないが、芸人N氏によれば

「随分前に、わりかた早く亡くなりましたよ。年下の旦那さんはまだ店やってるのかな？　もうやってい
ないだろうなぁ」

とのことであった。

現在の浅草のゲイバー

二〇一三年の時点で、浅草には六十七軒のゲイバーがあるといわれており、東京では新宿二丁目、上野に次ぐ日本有数のLGBTの聖地といえるだろう。

かつて「玉辰」があった露地にはすでにゲイバーはなく、浅草でゲイバーが集まっている区画として有名なのは初音小路、ひさご通り周辺など、浅草寺から徒歩数分のエリアだけではなく、国際通りを隔てた西浅草周辺にもゲイバーが点在している。

しかし二〇二〇（令和二）年から世界中を震撼させている新型コロナウイルスの影響で、東京は度重なる緊急事態宣言が発令され、混乱状況にある。今後、ゲイバー文化はどのように変貌していくのだろうか。

5　秘めたる戦前の〝ゲイバー〟史

今や日本のあらゆる都市で営業されているゲイバー。女性やノンケでも気軽に入店ができる観光バーからMEN'S ONLYの店、また嗜好に合わせたバーまで多種多様となっている。ゲイバーの聖地・新宿二丁目だけでも四百店以上のゲイバーが犇めき合っているともいわれている。

そんなゲイバーの歴史に関しては、当時のカストリ系雑誌や週刊誌が小特集を組んだり、ゲイバーのママとして名を成した人物の自伝、そのほか当時の雰囲気を知る人が書き記したものが残されている程度で、女性が給仕をしたカフェー、キャバレー、キャバクラに関する歴史とは比べものにならない程に記録が乏しく、ことに戦前の「ゲイバー」に関する情報は極端に少ない状況となっている。

そもそも〝ゲイバー〟という言葉であるが、これは戦後から使用された言葉で、一九四六（昭和二十一）年に現在の新宿アルタ裏で開業した「夜曲」も、一九五一（昭和二十六）年に新宿二丁目で初めて開業した「イプセン」も、ゲイバーを営業しようとして開店したのではなかった。たまたま経営者がゲイであることで、ボーイに美少年を揃えたり、そこに知り合いのゲイが集まってきたところ、面白がったメディアが「ゲイバー」「男色酒場」「男色喫茶店」などと取り上げることで、ゲイバーとなってしまう経緯があった。これが大体一九五〇年代初頭～半ばにかけてのことである。

ここでは、浅草以外の場所で開業していた一九三〇～五〇年代の〝ゲイバー〟黎明期についての歴史をたどっていきたいと思う。

なお、当時使用されていた言葉ではないが、ここではゲイたちが集まるバーや喫茶店を「ゲイバー」と表記することにする。

伝えられた海外の「陰間カフェー」の様子

日本では都会の裏側で脈々と息づいていながらも、誰も公に記すことができなかったゲイバー文化であったが、当時の日本で刊行された書籍に海外のゲイバー事情はどのように描かれていたのだろうか。

昭和初期に海外のエロ風俗を取り上げた案内本『巴里上海歓樂郷案内』（酒井潔、竹酔書房、一九三〇年）を紐解くと、「陰間カフェー」という一項目がある。

ここにはフランス・パリ、モンマルトルにあったという「陰間カフェー」の様子が描かれているが、「陰間カフェー」を現代語訳をするならば「ウリ専バー」ということになろう。

「入りしなに、外衣預り場で杖と帽子を預ると、タキシードを着た可愛らしい少年が忙しさうに出て來る。頬を薔薇色に染め、づつかりお化粧して。物腰も婦人そのまゝだ。おまけに、口を開くと、歌でも唄ひさうな優にやさしい聲だ」

「こゝには婦人客といふものが一人もゐない。いや、客ばかりではない。女と云つたら此の婦人の衣裳をつけた「可愛らしい」少年ばかりである」

と、店内の様子が描かれている。

明らかに女装系のバーであり、店内はそこそこ広く、オーケストラの演奏も行われていたようだ。

「忽ち部屋の、奥の一段高い臺の上に、侯爵夫人と云つた假装の金髪美人が現はれる。艶めかしく両肩を露はして、萬遍なく愛嬌をふり撒きながら、馬鹿々々しい、それでゐてセンチメンタルな小唄を歌ふ……割れるばかりの拍手喝采だ！が、瞞されてはいけない。この金髪美人も、やつぱり少年なのだ」

と、現在のドラァグクイーンによるショウのようなものも披露されていたことがわかる。この『巴里上海歓樂郷案内』に描かれた「陰間カフェー」の様子は、そこまで当時の様子を如実に伝えるものではなく、男娼を買うことについての紹介はない。しかし、最後に「かういふ場所のダーム（筆者注・淑女）のあでやかさだけを賞美しておくことだ」と、男娼は買わずに見て楽しむに止めておくとよいというニュアンスの文章で締めくくられている。

この書籍は、一般庶民にとって海外生活が夢のまた夢だった時代に刊行され、よく売れたものであるが、一九三〇（昭和五）年にはこのように海外のいわゆるウリ専バーの様子が伝えられていたことがわかる。

青江のママこと青江忠一。芸能界にも顔が利き、本人もタレントとしてブラウン管を賑わせたこともあった。（『朝日ソノラマ』1962年11月号より）

戦前における〝ゲイバー〟の息吹

浅草のゲイバー史の中で可能性として述べたマセロティールームは大正時代のことであるが、昭和に入ってからのゲイバーはどのようなものであったのだろうか？　ご多分に漏れず、戦前におけるゲイバーに関する記録はほとんど見受けられないが、一九六二（昭和三十七）年に録音された青江忠一氏（青江のママ）（一九二四―？）の証言によれば

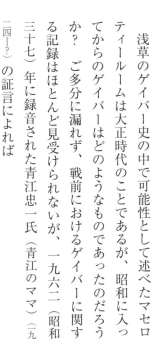

「ゲイバーは戦争前からあったんですよ。だけど、こういうスタイルのゲイバーになったのが、ここ十年くらい……まぁ、七、八年くらいかしらね。こういう観光的になったのは。結局それまでのゲイバーってのは、同志を求めて、男を好きな人が男のボーイさんを求めて来るようなスタイルの店だった」

ということであり、当時最も有名なゲイバーのママの一人であった青江のママも「戦争前からゲイバーがあった」と明言している。

ゲイの生態に関する戦前の記事がかなり少ない中、一九三一（昭和六）年に出版された安藤更生『銀座細見』（春陽堂）には「怪しい男たちの群れ」としてゲイが集まる銀座の店が取り上げられている。

いつの時代も人々が集まる銀座の街、ゲイに関する話題にも事欠かない。1935年頃。

　一時は専ら資生堂裏のレストラン天野に拠っていたが、それから金春ビヤホールへ移った。（略）エロ大流行時代の銀座に、こういう変わり種が歩き回っているのも面白いではないか。

とあり、安藤は銀座に男子同性愛者が集まる理由として、歌舞伎座があることを明記している。

　また、当時の代表的なジャーナリストの松崎天民が編集をつとめていた『食道楽』（一九三〇年五月号）で特集された「獵奇世間話」座談会でも、松崎天民と本位田準一の間で女形のエピソードが交わされている。

松崎　本位田君は、この間、銀座で、さる女形に追つかけられて、弱つたんださうですよ。

本位田　つまらん話をしなさんな。（笑）

松崎　銀座には男を追つかける常習の女形役者が出没するんですよ。

とあり、この後、役者の誰が変態家だとか、華族の某氏が何人もの美少年をつれて洋行したなどの噂が記載されている。

当時の女形たちは、普段から女性になり切ってこその女形という考えは一般にも広く知られていたし、これに関しては安藤のみならず伊藤晴雨（一八八二―一九六一）などもその点に関して触れている。そのため、歌舞伎の女形たちには職場といえる歌舞伎座からほど近い銀座の街は、気軽に集える場所だったのだろう。また、ゲイの出会いの場であった日比谷公園からほど近いという点からも、地理的にもいろいろと便利であったともいえる。

新宿におけるゲイバー前史

前項では銀座でゲイの集まる店を記したものであったが、『犯罪科學』一九三一（昭和六）年八月号の「女形行状記」では、男子同性愛者が集まる大久保のバーについて触れられている部分があり、こちらはゲイバーについて書かれた最初期の記載であろう。

醜怪なサバトの酒宴は夜毎開かれてゐる。
新宿驛前を東大久保の方へ向かって行ったとある横丁に、ささやかなバアがある。あくどい花の名前だから誰でも審べようと思へば直ぐ判る。
そのバアAは、曾我廼家五郎一座の女形某が経営してゐるもの。斯う書き出せば、もう其處が隠れたる男色の組合の一角だといふことが分らう。

と、このように記載されている。「誰でも審べようと思へば直ぐ判る。」と簡単に片づけられているが、すでに八十年も経ており、その店名を調べることさえも困難を極めてしまった。

しかし唯一の手掛かりとなるのは、かびやかずひこが『風俗草紙』（一九五三年七月号）に寄稿した「男色喫茶店」に、「ソドミアの茶房として知られていた〝ユーカリ〟がさかんであったころは、大久保で営業していた」という記載があることである。

なぜ、ユーカリがあくどい花の名前なのかが引っかかり、昭和初期に刊行されたモダン語辞典や隠語辞典の類を数冊確認してみたが、ユーカリの言葉に隠語的な意味があったようでもなさそうだ。もしバアAがユーカリでなかった場合、戦前の大久保付近にはゲイバーが複数存在したことになる。

経営者については曾我廼家五郎一座の女形と書かれており、伏見憲明『新宿二丁目』によれば、ユーカリの経営者も女形出身だったということで、バアAとユーカリが同一のゲイバーであった可能性は高いと言える。また伏見は同書で、このバアAは夜曲（やはり経営者は元女形）である可能性があることも指摘しているので参照されたい。

補足として書き加えておきたい部分としては、曾我廼家五郎一座は関西を根城とした劇団なので、経営者が現役の女形であった場合は、興行のため東京不在の時間は長く、常に店頭に立って客を迎えることは無理な点である。

また気になる記事が『奇譚クラブ』一九四八（昭和二十三）年三月号に掲載された「ソドミイの壺」に残されている。そこには

戦前に絶大な人気を集めた喜劇俳優・曾我廼家五郎。一座には美しい女形を揃えていた。

あるゲイバーのことが記されているのだが、明らかに前述の「女形行状記」とリンクするのだ。

場所は京都「四條河原町を北へ少し入つて、東へ曲がると、その横丁にささやかなバアが一軒ポツンとある」となっているので、東京新宿区周辺とは異なるが、「あくどい花の名前のバア式の家だから、誰でも調べようと思えば直ぐわかる」と、一九三一（昭和六）年『犯罪科學』の記事を元にしたとしか思えない記載がなされている。ただし、一九三一（昭和六）年の記事と異なるところは、曾我廼家五郎一座の女形・蝶八が経営している店と明記されているところだ。蝶八について多くを知ることはできないが、昭和初期のプログラムで確認できる実在の人物である。

この店が、かつて大久保で経営していた店で、経営者が戦後に京都で再開したという仮説は立てられるが、あくまで推測の域は出ない。ただし、同じ「あくどい花の名前」「曾我廼家一座の女形が経営」という二つの点が重なるところが気がかりだ。

そもそも曾我廼家五郎（一八七七―一九五〇）は、明治時代から昭和にかけて大阪を中心に活躍した喜劇役者で、一時期は「喜劇王」の称号を得て絶大な人気を集めた役者であった。女優を起用することはなく、五郎の相手役は女形と決まっており、伊藤晴雨が『人間探究』八号で回想するところによれば

「曾我廼家五郎を「月夜に釜を抜く」というのです。（略）五郎は丸髷が好きで丸髷を結わして舞臺でいちゃついていましたよ」

とある。五郎一座には桃蝶、秀蝶、などの有名な女形がおり、戦後に上野の男娼から湯島でゲイバーを開業した市蝶も五郎一座の座員であったし、『第三の性』（太田典禮）には名前は伏せられているが、市蝶のほかにも

五郎一座の元女形が上野で男娼をしていることが記載されている。なお曾我廼家五郎唯一の自叙伝『喜劇一代男』（一九四八年、大毎書房）を調べてはみたが、一座の女形が酒場を経営しているなどの記載は一切見当たらず、どの女形がバーのママをしていたのか、今回の調査でははっきりしたことがわからなかった。

当時のカフェーやバーが多く掲載されており、有名人が経営する飲食店についての記載も多い『東京名物食べある記』（一九二九年）、『大東京うまいもの食べある記』（一九三五年）、または当時の新宿の歓楽街も取り上げている『日本歓樂郷案内』（一九三一年）を確認してみても、有名な女形が経営するカフェーやバーについての記載は確認できなかった。そもそもユーカリや夜曲についても記載がみられない。特にユーカリは戦前にゲイバーとともに文壇バーとしての顔もあり、江戸川乱歩や萩原朔太郎ら男色嗜好のあった文士たちが足しげく通った記録も残されているほどである。このように取り上げると、いかにも「バアA」は名店のように思われるかもしれないが、知る人ぞ知る小さな隠れ家的な店だったのだろう。

なお、「ユーカリ」は日本におけるブルースシンガーの重鎮といわれている水島早苗が娘時代から店長をしていた店であることも、ゲイと芸能の接点であるといえる（女形が経営者で、水島がママというところか）。ちなみに水島は一九〇九（明治四十二）年鹿児島県出身、本名は永田（相良）嬉子といった。一九二七（昭和二）年に立教高等女学校を卒業するとジャズ評論家の野川香文の紹介で歌手の淡谷のり子に師事し、一九三三（昭和八）年頃から赤坂溜池にあった日本一のダンスホール・フロリダのコーラスガールをするようになり、一九三五（昭和十）年には相良よし子の名でレコードデビューを果たすことになる。そのレパートリーは広く、相良よし子、水島早苗の名で流行歌、マドレーヌ相良の名でジャズ、トニー相良の名でハワイアンを歌い、コケティッシュな歌唱が魅力的な流行歌『貴方來るまで』はそこそこのヒット曲となっている。そして戦後はブルースシンガーの重鎮として姐御的存在として君臨していた人物で、非常に面倒見がよく、気さくな女性だった、と進駐軍のキャンプまわり時代に水島と一緒に仕事をした方に伺ったことがある。
また水島は一九六〇年代、宝塚歌劇団でジャズの指導を行っていたこともあり、宝塚歌劇団ＯＧに水島の指導を受けた生徒は多い。イメージとは裏腹に線が細い女性らしい声で、癖がない歌唱が印象的であるが、一九七八（昭和五十三）年に亡くなった。

話が多少それたが、この「女形行状記」の中で大久保のバアＡに関する記載はそこまで大きくはないが、当時のゲイバーの内部に関する記載もされており、当時のゲイバーの店内の様子を知る事ができる、かなり貴重な記録である。

「晝も夜も青い電燈がぼーッと點いてゐる狹い部屋。壁には、淫樂夜宴の怪しげな繪が數點懸けられてある。それに混つて白蓮女史の短册が一枚見えるのは何ういふ意味か？」

とあり、如何にも怪しげな秘密クラブを演出しているような感じといえる。なお「白蓮女史」とは柳原白蓮のことである。
さらには常連客のことについても触れられており、「少女雜誌の表紙を描いてゐる、挿繪畫家として有名なＯ」「貧乏華族のＲ」「音樂家のＴ」などが挙げられている。また

「詩人のＫが、美少年を伴れて入つて來た。そつと二階へ上がつて行く。が、みんな知らん顔をしている」
「三四人の女給が、燒に客のビールをぐいぐい呷つてゐる」

とあることから、二階があること、一階では女性の女給が給仕をして、表向きは通常のカフェーやバーであったことなどを知ることができる。

そのほか、ゲイバーに関する記載とまでもいかなくても、女形が経営していたバー、または男子同性愛者として知られた有名人が経営していたバーなどの情報を得ることはできなかった。

なお、男子同性愛者が集まるバーやレストランに関する記事が一九三一（昭和六）年頃に集中しているのは、昭和初期のエロ・グロ・ナンセンスの風潮の中で、男色はグロテスクという認識の中で取り上げられているものがほとんどである。それを裏付けるかのように、エロ・グロ・ナンセンス時代が去ると同時に男色に関する記事はほとんど見られなくなり、その後、戦争に向かって行く中で男子同性愛者の集まる酒場はどのように変貌していったのかは、今となっては中々知ることができない。

戦前の新宿の様子

日本有数の繁華街である新宿。戦前、ユーカリが営業を行っていた頃の新宿の様子は、一体どのようなものだったのだろうか。

新宿といえば一九二三（大正十二）年関東大震災後の急速な発展とともに、現在の新宿東口周辺にカフェー街が形成され、山の手随一の歓楽街として賑わいを見せるようになっていた。『日本歡樂郷案内』（一九三一年）

には

「昔は宿場女郎のゐる所として以外に、あまり重きを置かれなかつた新宿が、今や帝都の一大歡樂郷として、ダンゼン銀座と對抗するといふ物凄さだ」

と記載されているほどである。

一九三一（昭和六）年に発表された流行歌『新宿行進曲』（西久保英夫 作詞）の歌詞には

「ジャズは流れるカフェーの街に 紅い酒飲みゃ心が躍る 青い灯影で口吻すりゃ ゾッと身に沁む恋の風ホンに新宿山の手銀座」

と、エロ・グロ・ナンセンスの風潮を受けた新宿の街が描かれている。戦前・戦後のカフェーは現在で言うところのカフェとは別物で、イメージとしてはキャバレーに近い。

当時の新宿のカフェー街の様子について

「夕暮れ近くなると女給が入口に彳ずんで、道行く人にそれとなきウィンクもすれば、馴染客が通れば袖を捕へて放さない。あたりの空氣は魔窟めいた妖氣を孕んで、銀座の明るさに比べると遙かに暗い」

（『日本歡樂郷案内』）

とあり、日本有数の大店が立ち並ぶ銀座と比較して、私娼窟のような雑多な印象を与えた新宿のカフェー街の印象は、現在の新宿歓楽街のイメージと大きく変わらないようにも思われる。

また一九二〇～三〇年代、ゲイが集まった浅草や日比谷の近隣に、大劇場や映画館やダンスホールなどの暗闇に事欠かず、また花街・色街があったように、新宿も同じような条件が揃う娯楽街として発展した一面も持っている。

新宿のカフェー街の様子。雑多なイメージはどこか私娼窟めいている。（『日本歓樂郷案内』1931年より）

一九二〇（大正九）年開業の高級映画館・武蔵野館のほか、日活の封切館だった帝都座、松竹館、帝国館などの有名映画館が立ち並び、一九三一（昭和六）年にはインテリ向けのレビュー劇場として、後に左卜全（一八九四—一九七一）や森繁久彌（一九一三—二〇〇九）、由利徹（一九二一—一九九九）が所属したムーランルージュ新宿座が開場。ここには若い会社員や学生たちが詰めかけ、一座の花形だった明日待子（一九二〇—二〇二〇）に声援を送ったという。

また、よく「歌舞伎町は、元々歌舞伎座を建設する予定地としてその町名がつけられたが、建設計画が頓挫して町名だけが残った」と言われるが、一九二九

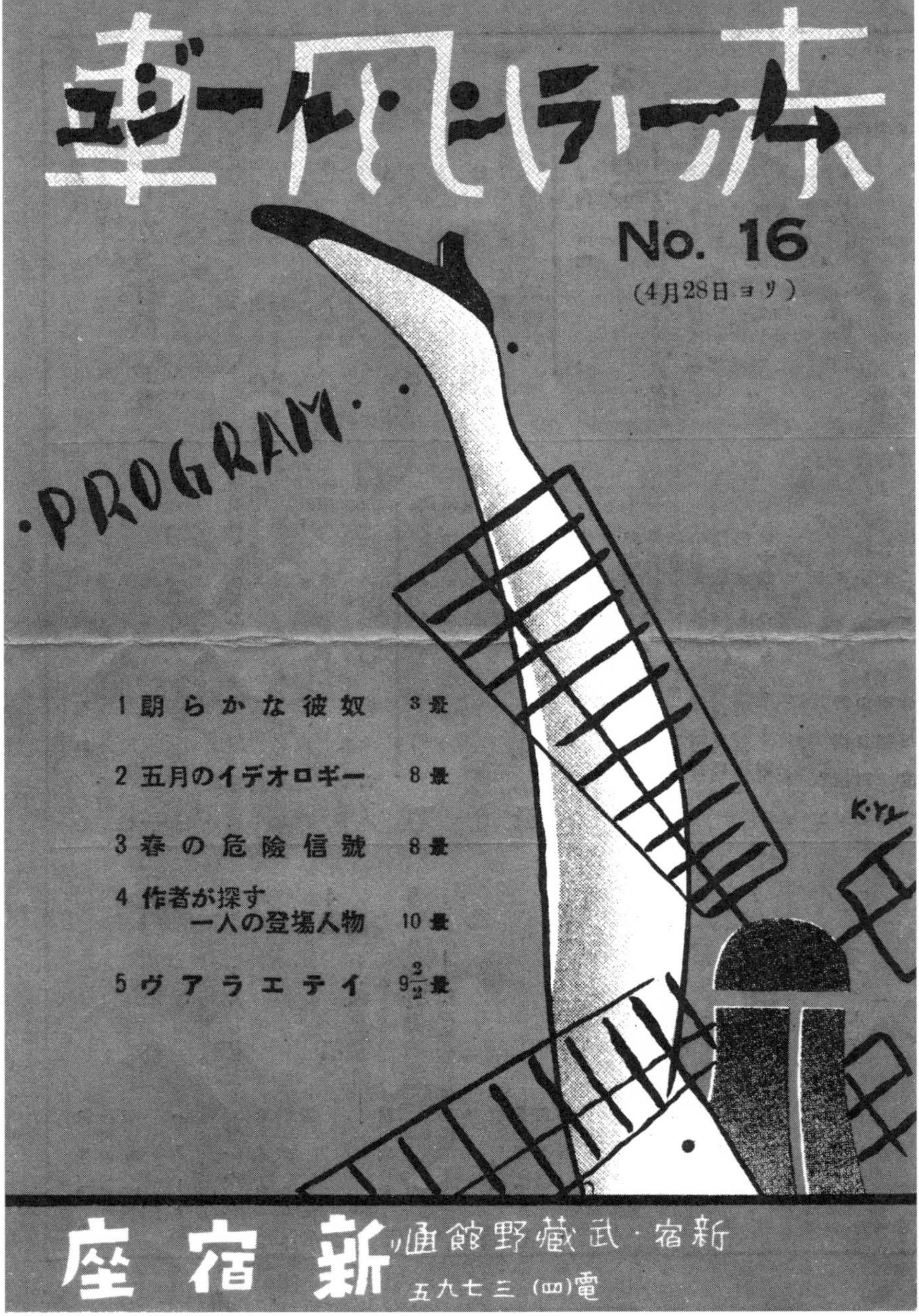

モダン新宿の象徴でもあったムーランルージュ新宿座のパンフレット。若い会社員や学生が詰めかけた。

新宿遊廓にあったFUJI楼の外観。現在の新宿二丁目の一角は、かつてこのような様子だった。（『日本歓樂郷案内』1931年より）

（昭和四）年新宿角筈（現在の新宿三丁目附近）に、松竹が経営する新歌舞伎座が開場している。ここでは歌舞伎、新派、新国劇、また本書にはたびたび登場する曾我廼家五郎一座の東京公演も行われ、一九三四（昭和九）年には新宿第一劇場と改称。以後は男装の麗人・水の江瀧子が在籍した松竹少女歌劇の公演も定期的に行われ、二村定一が在籍したエノケン一座の公演も楽しむことができた。なお、現在の新宿二丁目からほど近い大木戸にも新宿歌舞伎座（後に新宿大劇場）があり、こちらは一九四五（昭和二十）年の空襲で焼失したが、新宿に歌舞伎座を根付かせようという働きが幾つかあったことは事実であった。

このように関東大震災の復興とともに発展を遂げた新宿の街ではあったが、後に「二丁目」としてゲイバーやレズビアンバーが軒を連ねる新宿二丁目は、江戸時代からの歴史がある新宿遊廓が営業を行っていた場所であることは周知の通りである。関東大震災で家屋が倒壊した新宿遊廓は、復興後、古い遊廓のイメージを一新するために屋号にローマ字を使用したり、赤いネクタイを締めた娼妓と社交ダンスを踊れたりと、伝統を誇る新吉原や情緒ある洲崎などと差別化を図っていたようである。

当時の新宿遊廓と思われる様子について、『犯罪公論』（一九三一年十一月号）に掲載されているので、ここに引用したい。

「ふと見ると、そこはずらりと大きな家の並んだHの形をした新宿のプロフエシヨナルな街でした。ロオマ字でTA―とネオン・ライトが無表情に光つてゐます。右側にずらりと女の寫眞がならんでゐます。西洋人が着た和服のようにしどけない姿でソフアに長くなつてゐる女もあれば、短いスカートから素足を見せた女もゐます。そしてそれがどれもこれも美しく着色してあるのです。「手前ども、御承知の通りで、決して不經済なお遊びはおすゝめいたしません。えゝ、そのまゝお靴でお上り下さい。全部新しいベッドで……」（略）室の外から斷髪でセーラー服を着た若い女がにつこり笑つて入つて來ました。「十二號でしよ、あなたお部屋へ行きません？」男と女はお婆さんの敬禮を殘して出て行きました。男と女とは腕を組んで重さうなドアの中へ消えました」

このような様子が、夜ごと繰り返されていたのであった。

これが戦後になって特殊飲食街となり、一九五八（昭和三十三）年の赤線廃止を経て、現在の「二丁目」と姿を変えていくこととなる。

「ユーカリ」を引き継いだ「夜曲」

戦争が終結し、まだまだ都市部には戦争の傷跡が生々しかった混乱期。

戦前に営業していた前述の「ユーカリ」が廃業し、それにともなって経営を引き継いだ女形出身の佐藤静夫（『風俗草紙』一九五三年十二月号には芳村豊という名が記載されている）が、一九四六（昭和二十一）年に新宿区角筈一―七九六番地でゲイバーとして開業したのが「夜曲」であった。この「夜曲」が戦後の新宿で開業したゲイバー第一号と言われている。

『あまとりあ』（一九五五年六月号）によれば、店舗自体は戦時中からあり、元は女給を置いていたという記載もあるし、伏見憲明の『新宿二丁目』にも夜曲は戦前、大久保にあったことが詳細に記されている。

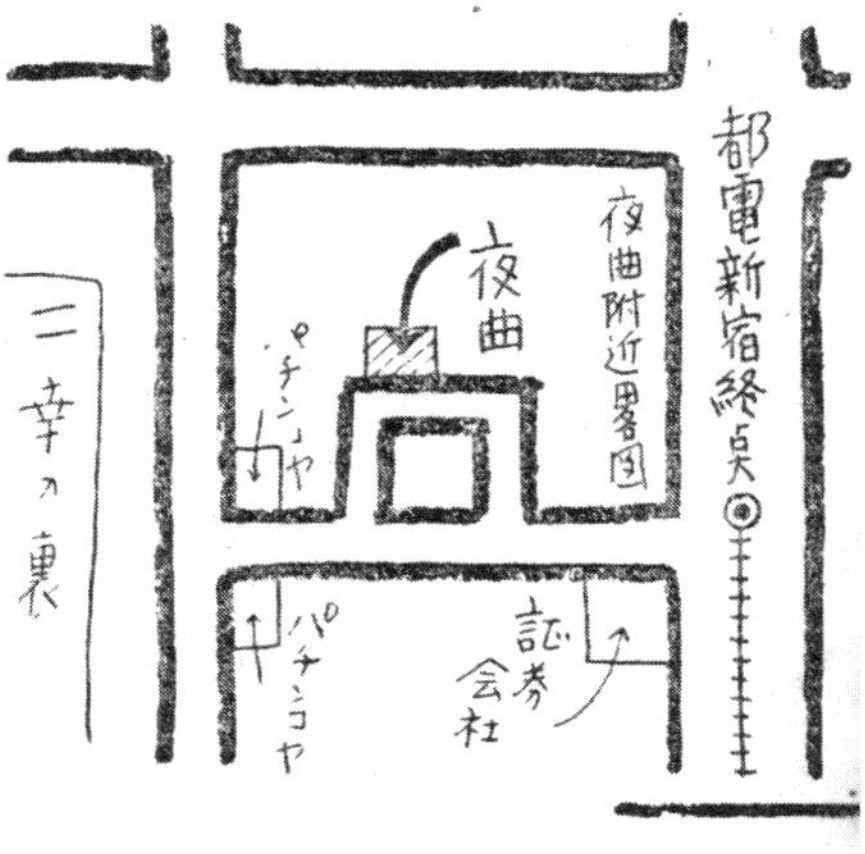

戦後、新宿角筈で開業した「夜曲」の図、現在の新宿ALTAの裏手周辺となる。痛ましい殺人事件の現場となった。（『あまとりあ』1955年6月号より）

昭和二十年代に夜曲を取り上げた記事を読むと、「男色喫茶店」という記事に紹介されていたり、「喫茶酒場」「喫茶店（兼酒場）」と扱われていたり、「夜曲、イプセンが終始喫茶酒場としての経営に徹している」（『あまとりあ』一九五五年六月号）と記されていたりと、本来は喫茶店として営業していたことがわかる。また、それまでのゲイバーは表向きは男女誰でも入店することができる通常のバーであることもあったが（後述するブランスウィックもイプセンも通常の客も利用可能だった）、一九五三（昭和二十八）年の時点ではゲイオンリーという経営方針だったようだ。

左手にカウンター、右手と奥にボックス席がある狭い店内に、二十歳前後のボーイを四人使っていたという。また、佐藤は「夜曲」のほかにも、「小春」という姉妹店も経営していたのだから、「夜曲」は繁盛していたのだろう。


このようにゲイバーとして盛業していた「夜曲」であったが、一九六二（昭和三十七）年九月に一般紙でその名が大きく報道されたのであった。

なんと九月六日未明、経営者の佐藤静夫（六十二歳）が店内で殺されており、佐藤名義の銀行口座から五十万円が引き出されていたのだという。捜査の結果、犯人は元ボーイであることが判明し、十月二十四日に潜伏先の北海道札幌市のアパートで身柄が確保された。

戦前からの流れを汲む新宿のゲイバー第一号の悲しい幕切れであった。

6　戦前の大阪における〝ゲイ〟の様子

男子同性愛者を「おかま」と呼ぶことがある。この語源のひとつとして挙げられるのが大阪の釜ヶ崎である。釜ヶ崎で男娼が盛んに商売を行っていたため、釜ヶ崎の地名が変形し、次第に男子同性愛者を指す言葉として使用されるようになったという説である。

これはあくまでも一説であるが、少なくとも戦前の釜ヶ崎は男娼の本場といわれた街であった。なお釜ヶ崎は、現在の大阪府大阪市西成区あいりん地区周辺のことを指す通称である。また、そう遠くはない場所に、戦前から大阪屈指のハッテン場として知られた天王寺公園も存在している。

本書は東京を背景とした記載が多くなっているが、ここでは戦前における大阪の男子同性愛者の様子について記載していきたい。

釜ヶ崎と男娼

戦前のみならず、戦後も男娼の街として知られた釜ヶ崎は、どんな歴史をたどった街だったのだろうか。

釜ヶ崎は江戸時代の新開地だったが、江戸末期にはすでにスラム街が形成されるようになり、明治以降も近隣地区（新世界や飛田遊廓）の発展とは裏腹に、華やかな都会生活からはぐれた者たちが肩を寄せ合うドヤ街として知られていくこととなる。

昭和初期の釜ヶ崎の様子について、一九三一（昭和六）年に刊行された『日本歓樂郷案内』によれば

「最下層のルンペン・プロレタリが居住する地帯で、屑拾い、乞食、下駄の歯入等が溝の中のボウフリみたいに巣喰つてゐる。（略）バクチも、姦通も、賣淫も、スリも、その他ありと凡ゆる罪悪がこの街ではほんの日常茶飯事なのである。」

「蒼顔倭軀の少年が、家計を助けるために男娼となる。夜分になると實際これらの男娼は街頭に立つて道行く人を誘惑するのだ。」

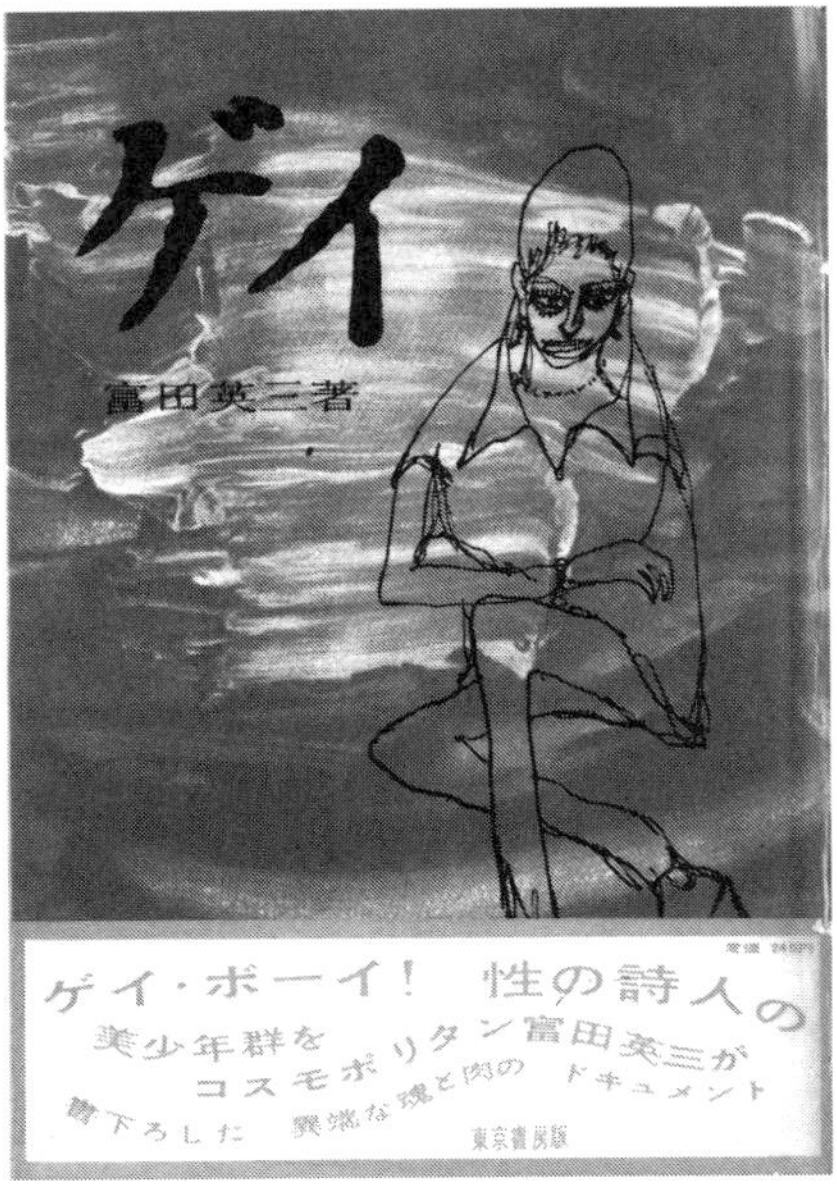

富田英三『ゲイ』（1958年）。戦前の釜ヶ崎の男娼から戦後にかけてのゲイたちの姿が描かれている。

と記されている。スラム街で家計のために少年が体を売っていたとは、なんと胸が痛む光景だろうか。

そんな釜ヶ崎に、いつ頃から男娼が集まるようになったのか。詳細な記録は残されていないが、少なくとも昭和初期には男娼の本場として知られた街であった。

ゲイ研究者であった漫画家の富田英三（一九〇六―八二）が著した『ゲイ』によれば、昭和初期の釜ヶ崎には三百人にも余る男娼がおり、その数は女性の売春婦の数

をはるかに超えていたのだという。富田は当時、大阪の新聞社に記者として勤務していたため、釜ヶ崎の多くの男娼たちと顔馴染みだったそうだ。

富田は当時の男娼の生きざまを

「男娼は、明日を期待しない。その場その場の満足のみで生きているような生活だった。おちこんだ、倒錯した自分たちを理解してくれる男の胸の中でしか生きて行けないのである。真正の変質者だった。だから、彼ら……その頃のおかまたちは、男を得て稼いだ金は、夜っぴての賭博で、スッカラカンに使い果たす者が多かった」

と書き残している。

話はそれるが、後で取り上げる「神戸ミイラ事件」の車次久一は、愛人と別れた後、飛田遊廓の北門に汁粉屋を開業したとされているが、ただ遊廓の中に出店したという訳ではなく、近くに男娼の集団が居住していた立地条件も関係していたのではないだろうか。

また一九三五（昭和十）年三月号の『経済往来』に掲載された座談会「帝都の風紀を語る夕」では

「あちら（大阪）では蔭間が非常に盛んですね」

「あちらでは大變な勢でそう云ふ傾向が發展して來て居るらしいんです。僕は大阪に着くなり、蔭間へ行かうと友人に誘はれた位だ」

と、いかに大阪で男娼が盛んだったかの記録が残されている。

この座談会に参加した大宅壮一（一九〇〇―七〇）は

「大阪では蔭間を丁度藝者のやうに仕立てて營業して居る所がありますね。吾々が行つた所は大阪の××の側の××と云う家でしたがね。その蔭間は、十五、六から三十五、六位まで居ます（略）女装だけは警察で禁止して居りますが、みんなメイク・アップして白粉や、紅を附けて、中にはプロマイドまで出して居るんです」


と語っている。

この記事では場所が伏字になっており、釜ヶ崎に関することなのかはわからないが、警察で女装を禁止していたという証言などは、日本における近現代の同性愛史の中でも貴重な記録ではないだろうか。

他にも

「名前も千代菊とか藝者のやうな名前を附けて、それが客の膝にしなだれかかつて、こちらのインチキ・バーと同じやうなサービスをするんです。頭はターキーのやうに刈上げて長襦袢なんか着込んで居るのも居ります」（※筆者注　こちら＝東京）

「言葉はみんな歌舞伎の女形の臺詞で、表現が非常に大袈裟で、兎に角歌舞伎調ですね」

1920年代の大阪天王寺公園。神戸の湊川公園、京都の円山公園とともに、関西屈指のゲイの出会いの場であった。

と、男娼たちの様子を伝えている。なお、ターキーとは当時男装の麗人として一世を風靡していた松竹少女歌劇の男役スター・水の江瀧子のことである。

さらに、この記事には

「或る種の宿屋へ行くと、藝者のやうに三人なり五人なりやつて來るんですな。中には洋服を着たり、晝間勞働なんかもするやうな筋骨逞しい、金時計を下げたりしたのも來ますね」

と、体を売るだけではなく芸を売る男たちがいたことが記載されており、彼らは三味線を弾くなどしたようである。この記事だけを見ると幇間ではないかとも思われるが、元記事内で彼らは幇間ではないことが記されている。

西の釜ヶ崎といえば、別項で記載した東の山谷を思い出すが、同じ時代、東京では警察の目が鋭く光っていたため男性による芸者の類似行為はすぐに検挙され、ほとんど行われていなかったようだ。それは、芸者は本来、鑑札を取得しなければならなかったため、男女関係なく鑑札を取得しないまま芸者と同様の行為を行うことは許されなかったのだ。

飛田遊廓の男娼たち

また、一九三二（昭和七）年五月に発行された『犯罪公論』の中で「夜の日本　大阪の巻」特集が組まれているが、ここには「男に媚を賣る男」という項目が掲げられており、当時の飛田で生きる男娼たちの様子が語られた記事が残されている。

「安つぽい酒場の食卓に肱をついて、チビリチビリ盃を舐めてゞもゐると、『兄さん』と嬌めかしい作り聲で呼びかけられることがある。

そして聲のする方を振返へると、そこには髪の毛を水々しく油で光らせてオールバックにし、もつとも揉み上げだけは出來るだけ長く延ばして、顔へはべつたり白粉をつけ、唇は洋紅で染め、人絹か錦紗か、いづれにしても派手な女の柄の着物をぞろりと着て、三味線を逆さまに抱へて、いやに身體にしなをつくつて笑つて見せる中年の男を見出すであろう。（略）かうした「××ま」はこの界隈だけでも、百餘名に上り、彼等特有の生活を營んでゐる。」

「夜の街でグロテスクな嬌態で×にウインクを送り浅間しい手管で附近の安宿へ銜へ込み、不自然な××をさせ、それで料金を取るのだが、彼等の解釋によると、それは客を×ばせると同時に自分も××を×すさうだ。だから決して金を得るのが目的では無いさうだ。」

このように伏字が多く使用されているが、「××ま」は「かげま」で間違いないだろう。この記事で、男娼たちは自らのことを「女形」の略語として、「がた」と呼んでいることも記載されている。記事によれば、飛田地域で生きる男娼たちは、二階借りか木賃宿に住み、芸ができる者は遊芸稼人（芸人）の鑑札を取得して、表面的には三味線流しとして生活を送り、あるいは裁縫師の看板を掲げて生活している者も少なくなかったようだ。

さらに、おきよという四十二歳の元男娼のことが紹介されている。水々しい丸髷に薄化粧を施した様子は小粋で、田舎の年増芸妓という風体、その時は私娼の客引きを仕事にしていたそう。

彼は十七歳のときに家を飛び出し、旅の一座の女形として三年ほど日本各地を巡業したが、座長とできてしまう。一座の解散後は料理屋を経営する叔父のところに身を寄せるが、別れた一座の座長と復縁したことで出奔。その後は「法界節を唄ひながら諸國を流浪して」とあり、おそらく時代は大正のことだろう。時すでに法界節の全盛は過ぎていたが、なんとも時代を感じさせる芸当である。ところが男に捨てられて横浜に流れ込み、当初は私娼の客引きを行うも、そのうち女装して男娼をするようになったという。なお、横浜の私娼とは外国船員を相手にするチャブ屋のことと思われ、チャブ屋では、明治時代から娼婦に混じって男娼が女装をして商売を行っていたことがわかっている。

このように、釜ヶ崎だけではなく、飛田遊廓内でも男娼たちが商売を行っていたことがわかる。

東京とはまた違った形で広まっていった大阪の男娼文化であったが、釜ヶ崎は一九四五（昭和二十）年三月十三日の大阪大空襲で一部焼失となっており、戦前に釜ヶ崎で商売をしていた男娼たちも空襲によって亡くなったのだろうと推測できる。そして戦後、再び男娼やゲイが集まる街としての顔が復活し、昭和三十年代初頭にインラン旅館として知られた竹の家旅館が開業する。

戦後の飛田の様子について今回は詳細に触れないが、

「夕暮濃き頃、宿を出て天王寺公園でゲイ・ボーイを探し、又は「山王閣」（アパート）に住んでいた「子供屋」（十六、七才から二十才位の男の子を抱へていたが、おもに家出少年達であった）へゆき、女装にむく生年を選択し宿に連れて帰り（以下略）」

（『セイシン・リポート』三三号）

との記録も残されている。

戦前に大阪で撮影された〝ゲイ〟写真

戦前の〝ゲイ〟に関する記録が極めて限られてしまっている中、当時の〝ゲイ〟に関する視覚情報となるとほぼ皆無といえる。エロ目的で男性の裸体写真が雑誌に掲載されるようになるのは一九五二（昭和二十七）年『ＡＤＯＮＩＳ』の創刊まで待たなければならない。

ここでは一九三〇年代に大阪のマニアによって撮影された〝ゲイ〟の写真の中から公開できるものを選定し、読者の方にご覧に入れたいと思う。

私の手元にあるのは、一九三〇年代に撮影されたキャビネサイズのガラス乾板である。ガラス乾板とはガラス板に薬品をコーティングしたもので、写真フィルムと同じ役割を果たしたものだ。フィルムが高級品だった時代に広く使用され、日本では終戦直後くらいまでは使用されていたそうである。

一九三〇年代に大阪で撮影されたと推測できるのは、当時のガラス乾板の袋が大阪の写真用品店のものであること、それぞれに撮影した年月日が記載されているからである。

撮影者が人知れず秘蔵し、空襲や災害で消滅することなく奇跡的に残った写真を見ると、昭和初期にも今と変わらぬ〝ゲイ〟たちの姿があったことを実感できる（モデルは〝ゲイ〟なのかわからないが、含まれている写真内容を見る限り撮影者は〝ゲイ〟だったようだ）。

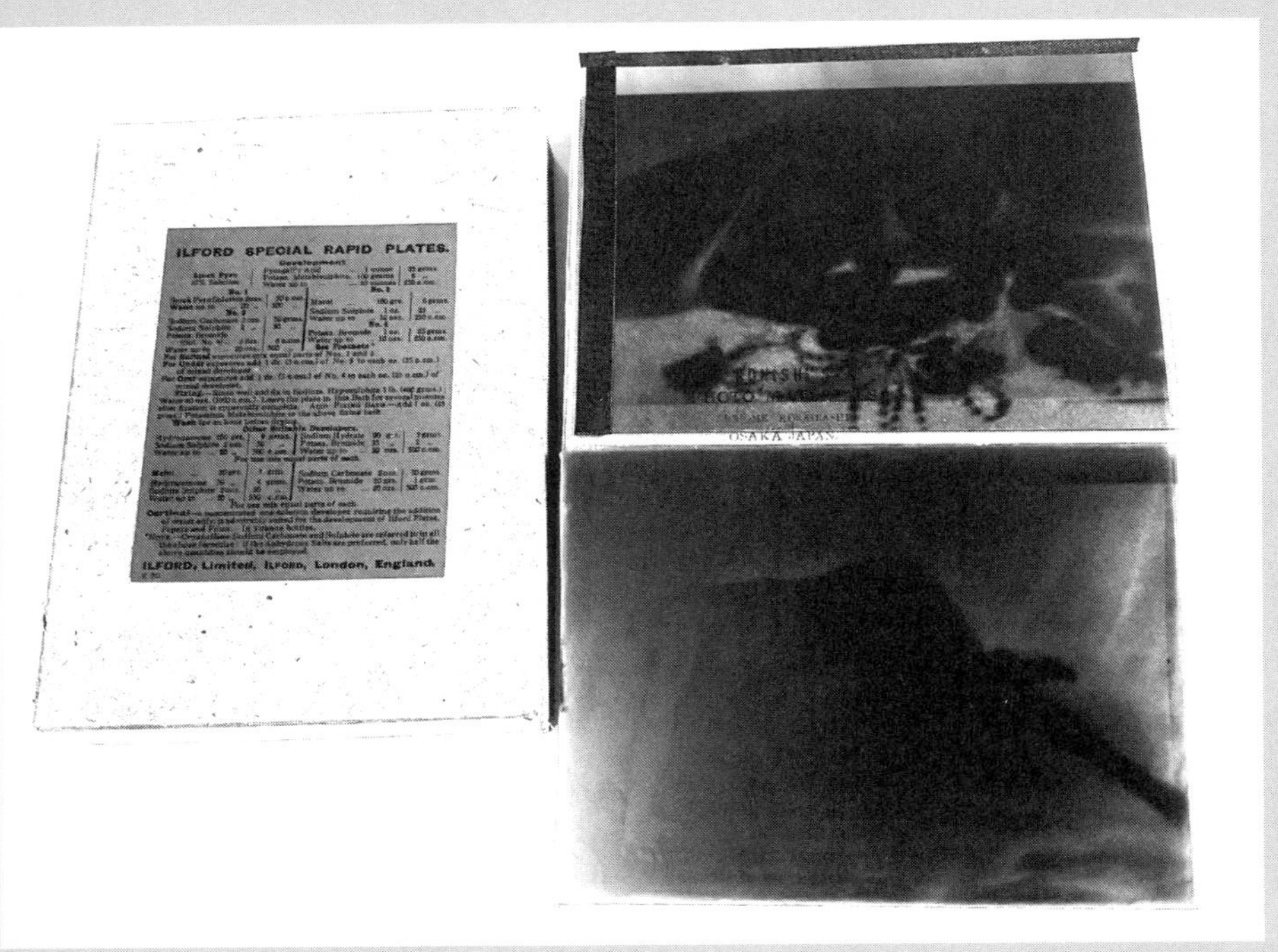

今回掲載した写真の元であるガラス乾板。大体1928から1933年頃に撮影されたもので、当然ながら落とすと割れてしまう。

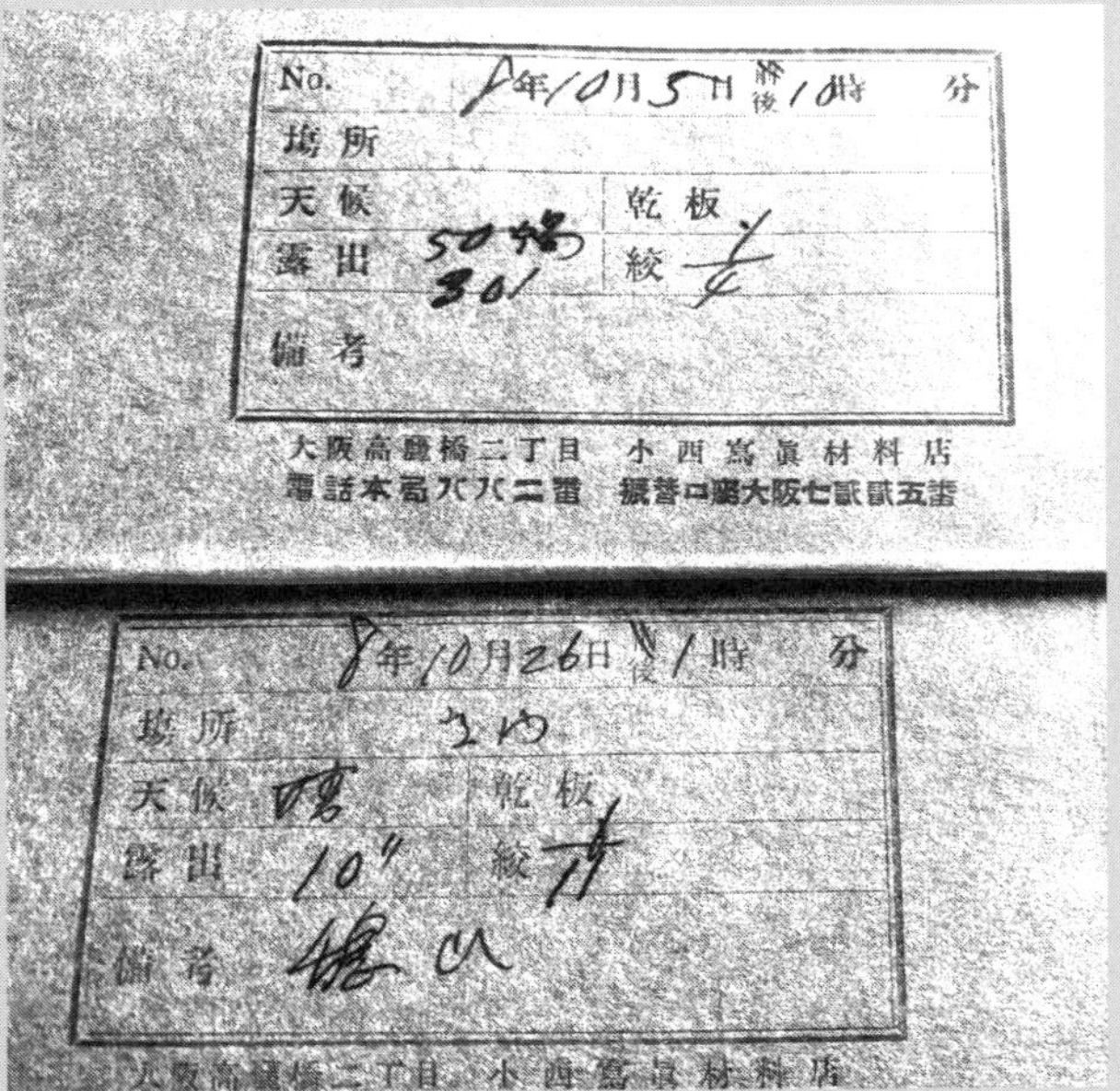

ガラス乾板の保護袋には撮影時の情報が記載されており、ここに掲載している写真が昭和8年前後に撮影されたことがわかる。

戦前に大阪で撮影されたゲイ写真

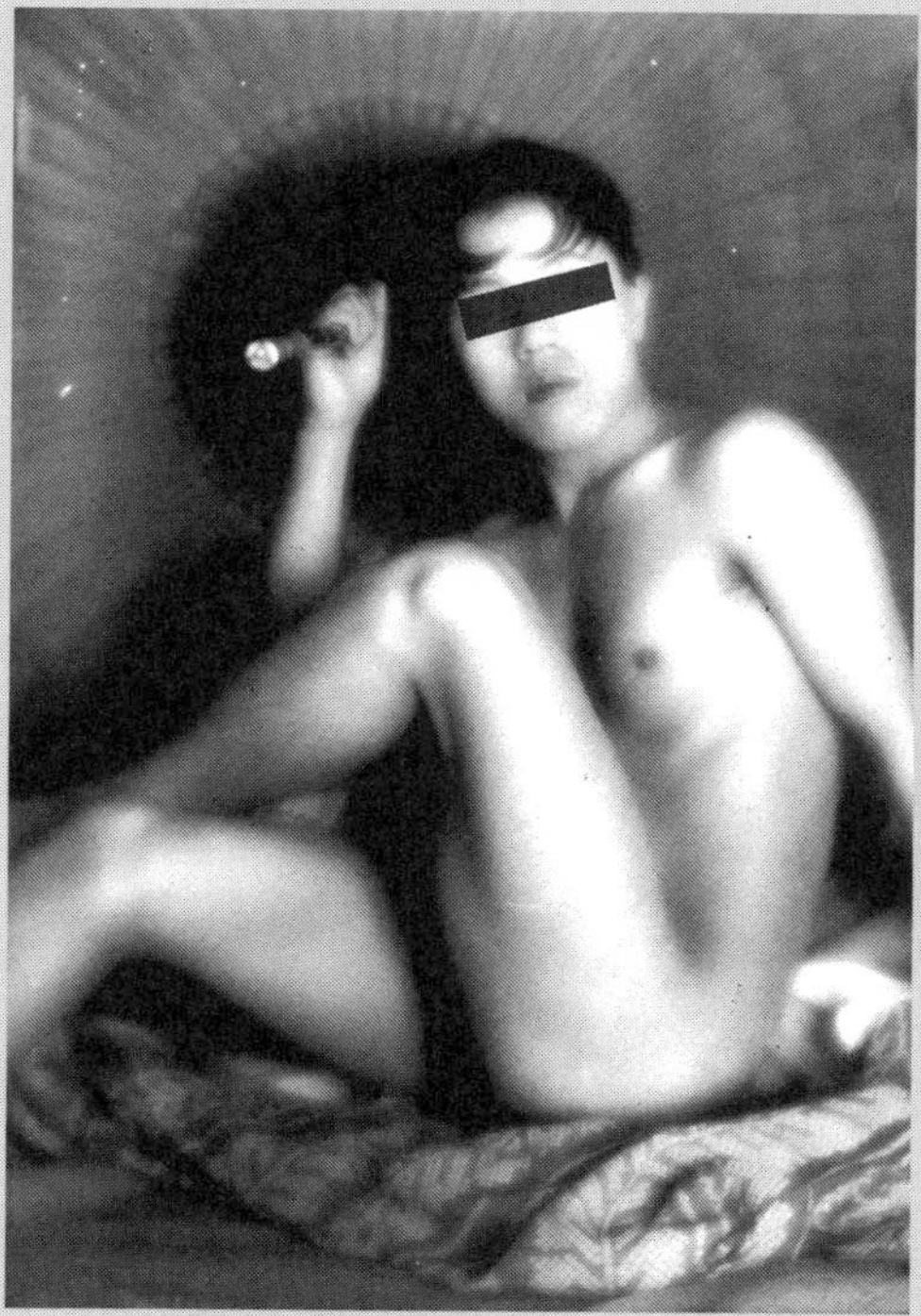

昭和初期の女優のブロマイドにも傘をさした構図のものは多く、
洋傘ではなく番傘というところに戦前を感じる。

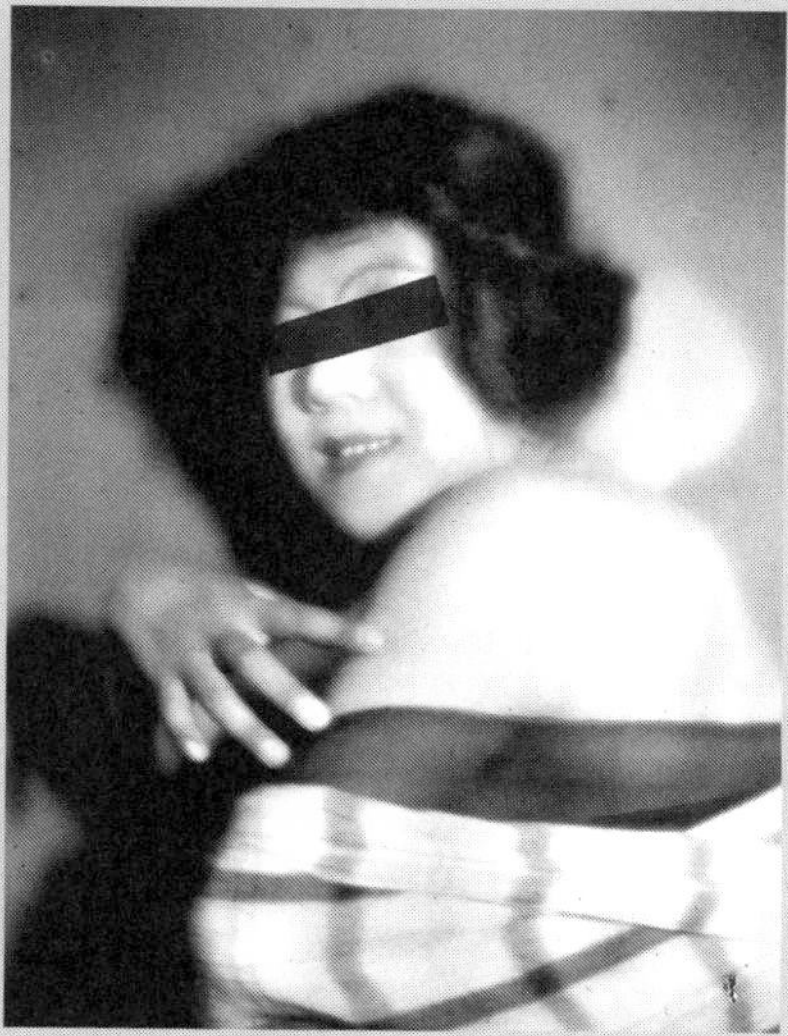

従来の女形とは違った様子の女装者。表情やポーズを見る限りでは一般の素人ではなさそうである。

女装者と同一人物だろうか、薔薇をあしらった背景が印象的である。意図的なのか偶然なのか、興味深い点といえる。なお薔薇がゲイの象徴として一般的になったのは三島由紀夫の写真集『薔薇刑』（1963年）がきっかけだったといわれている。

蚊帳の中でしなだれたポーズをとる裸体の男

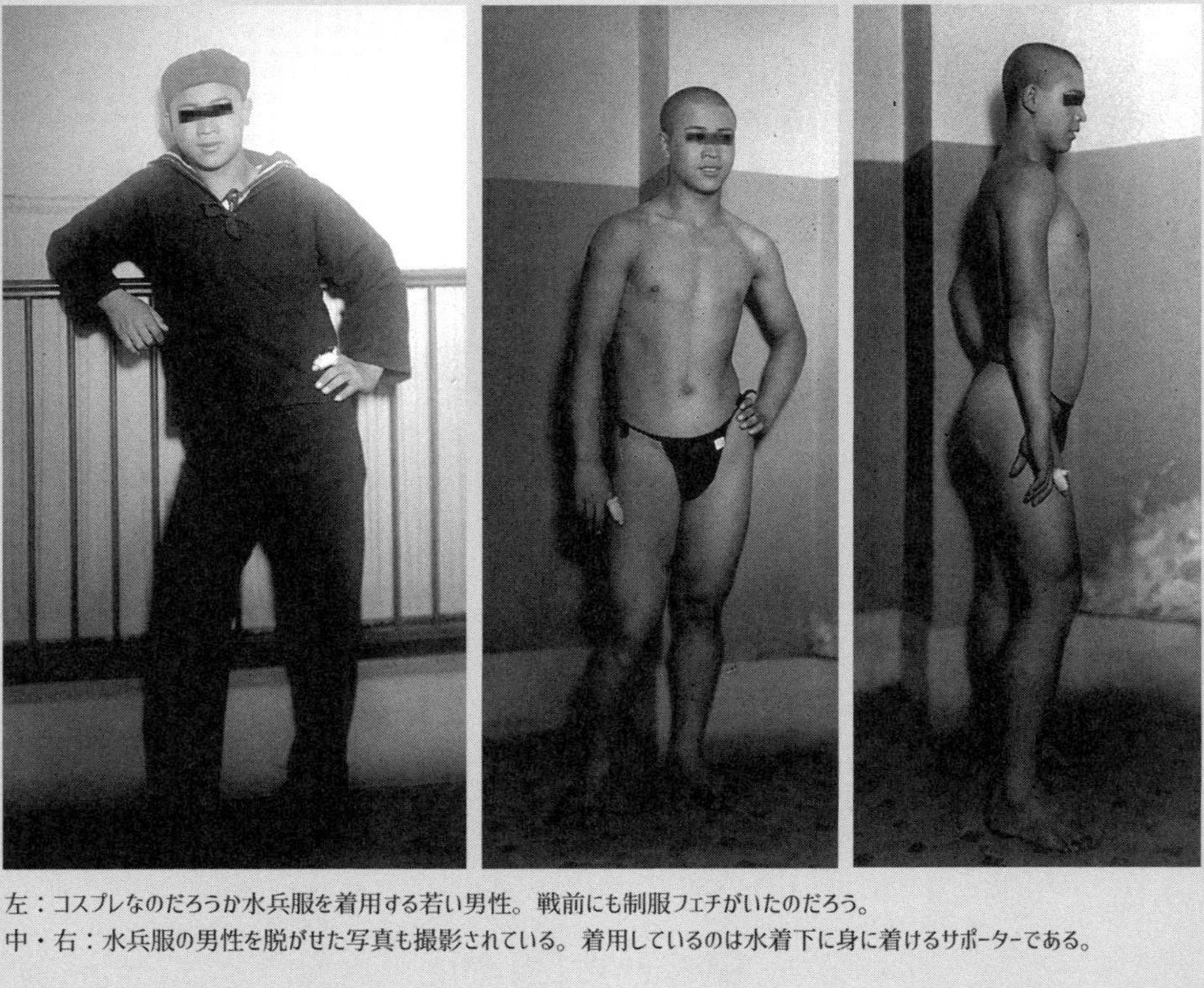

左：コスプレなのだろうか水兵服を着用する若い男性。戦前にも制服フェチがいたのだろう。
中・右：水兵服の男性を脱がせた写真も撮影されている。着用しているのは水着下に身に着けるサポーターである。

戦前に大阪で撮影されたゲイ写真

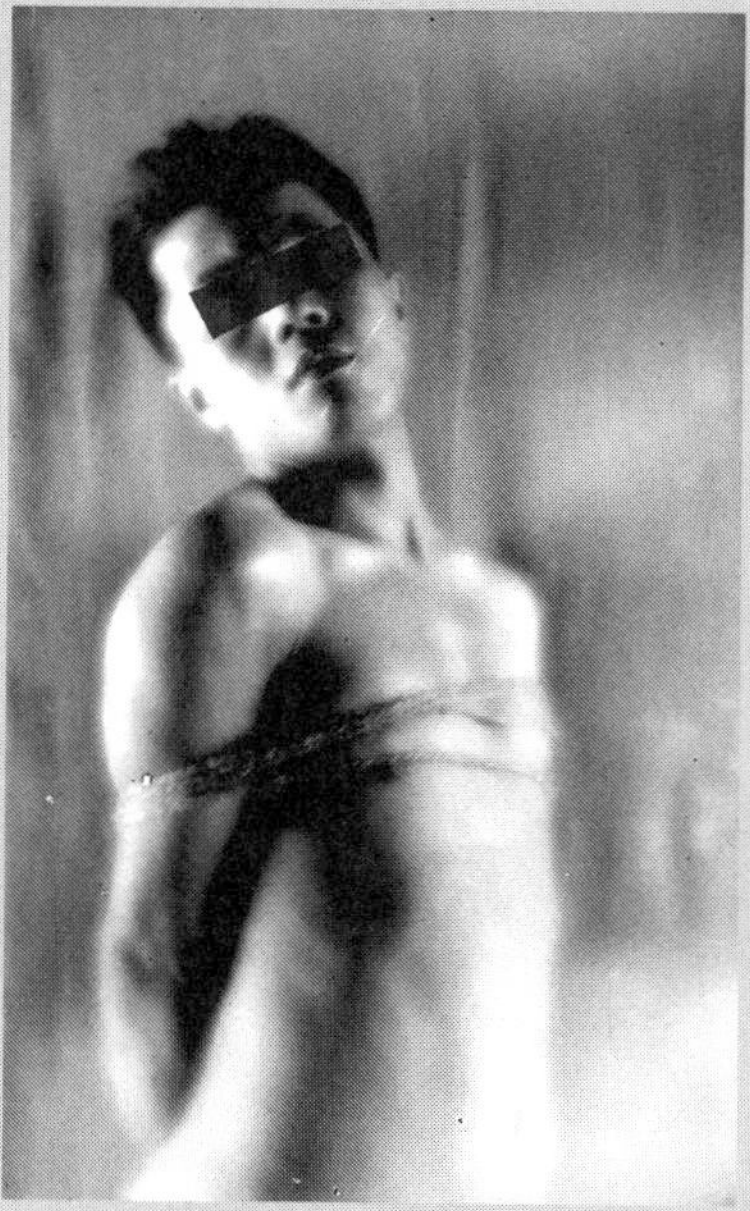

マニアに根強い人気がある緊縛写真だが、日本でも最古の部類の緊縛写真だろう。しかし本気の縛りではなく、撮影用のようである。

レビューやモダンダンスの一場面のようだが、ひっそりと上演されていた“ゲイ”によるレビュー団でもあったのだろうか。今や知る人はいない。

ベールを身にまとい、どことなく妖しい雰囲気につつまれた1枚。ちらりと覗く瞳が何かを訴えているようだ。

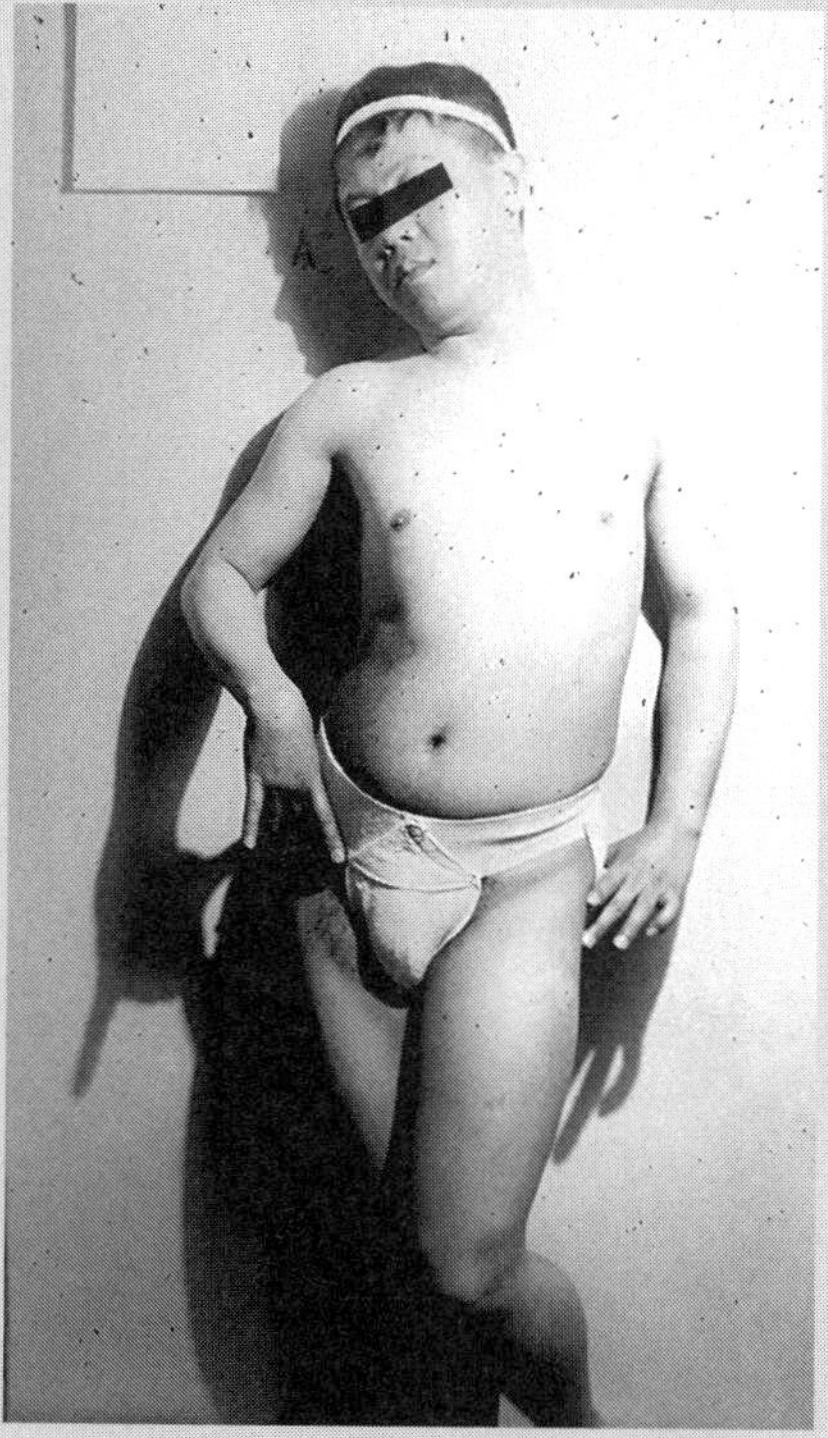

おそらく“ゲイ”がスポーツアンダーサポーターを着用した、日本最古の写真ではないだろうか。戦前すでに日本に輸入され、着用していた事実を今に伝える歴史的1枚。

7　戦前のメディアは男色をどう扱ったか

令和の現在、ネットニュースから書籍まで、肯定的なもの否定的なものなどＬＧＢＴの記事が多く目につく。しかし戦前に男色（同性愛）の記事を扱うには慎重にならなければならなかった。なぜかというと、内務省による厳しい検閲があったからである。

そこでここでは、戦前のメディアが男色および同性愛をどのように扱ったのかについてまとめてみた。

同性愛に関する戦前の書籍について

一九二〇年代は性に関する書籍や雑誌の刊行がかなり盛んな時代で、同性愛に関する著作の最古のものとして挙げられるのは澤田順次郎『神秘なる同性愛』（天下堂書房、一九二〇年）である。しかし、これはあくまでも医学的考察によるもので、男子同性愛者の生態や出会いの情報などは掲載されていない。なぜ当時、〝ゲイの出会いの情報〟について記載されていないのかについては、次項で述べているので参照されたい。

それに引き続き、書籍としては宮武外骨『半男女考』（半狂堂、一九二二年）が刊行されているが、いずれも

『日本及日本人 男性美』特集号（1920年）。全編にわたって男性の魅力について語られている。

近世以前の男色の歴史を扱ったもので、当時リアルタイムの男子同性愛者の生き方を知る手がかりとなる書籍とは言い難い。

面白いものとしては、当時としては社会情勢を取り上げる大雑誌のひとつであった『日本及日本人』で「男性美」（一九二〇年秋季増刊号）という大特集が組まれている。ここでは社会的に影響力があった名だたる作家や文化人、学者、また皮肉にも後に男色スキャンダルで知られることになる伯爵の柳原義光（一八七六―一九四六）などが、男性の心身の美について論じている。

また、当時男子同性愛者について記事を書くことが多数あった医学博士の田中香涯（一八七四―一九四四）が「男性間に於ける同性愛」のタイトルで、同性愛について触れた記事を寄稿している。ここでは男色の世界史などを取り扱っており、日本におけるリアルタイムの男子同性愛者の様子は描かれていない。ただし当時としてはリアルタイムに近い海外の男子同性愛者の様子に触れている部分があり

「伯林に於ても今尚ほ男色を好む人々の相集まるカフエーがあり、又た巴里には蒸気浴場の名稱の下に男色を行ふ秘密場所がある、伯林には、男子舞踏場といふ者もあつて、同性愛を好む男子のこゝに集合して互ひに交歓することになつてゐる」

との記載があり、この時代に日本国内で海外の男子同性愛者事情について知られていたのは興味深い点である。田中はその後、自著『江戸時代の男女関係』（博文閣出版部、一九二九年）において

「欧米の大都市には男娼なるものがあつて、専ら、同性愛を好む者を顧客としてゐるが、我國には此様な非倫の醜業者は無い」

と言い切っているのは、建前としてだろう。男娼に関する記事は当時すでに新聞などで報道されているので、専門家が知らないとは思えない。

また当時、発行されていた性医学雑誌には『性』『性之研究』『性愛』『変態心理』『変態知識』などがあり、ここでも同性愛に関する記事が掲載されてはいるが、医学的な記事が中心となっている。例えば『性』（一九二一年一月号）を見ると「男色に因る不可解の心理」という記事が掲載されているが、これは当時としては典型的な男色に関する記事ということができる。ただし、その中でも日本精神医学会が発行していた月刊誌『變態性慾』は積極的に男子同性愛に関する記事を掲載しており、特筆すべきなのは男子同性愛者の読者の相談を記事として掲載しているところであろう。当事者による、男子同性愛者の心理を記録した、日本における近代最古の部類のものではないだろうか。

一九二〇年代後半、モダン文化の波が押し寄せ、性に奔放なモボ・モガが台頭してくると、一躍エロ・グロ・ナンセンス時代が到来することになるが、このエロ・グロ・ナンセンスの「グロテスク」の部分を請け負うことになるのが男色であった。

昭和に入ってから目立つ同性愛関連の書物としては一九二八（昭和三）年に刊行された和装本『男色考』

『男色考』（1928年）はこの時代でも珍しい和装本である。

（花房四郎）が挙げられるが、こちらも日本における男色の歴史の記載が主であり、当時リアルタイムの男子同性愛者に関する情報については記されてはいない。

そして一九三〇（昭和五）年頃を境に、当時のエログロ雑誌のみならず、文芸雑誌などでも男子同性愛者の生態に関する記事が掲載されるようになり、中には旅回りの一座に現れた同性愛者の女形に関する騒動を描いた小説『半男女物語』（伊藤松雄、一九三〇年）などの単著も刊行されており、この時代の風俗小説やルポにはところどころ男子同性愛者に関する記載が増えているのも、時代的特徴といえる。

また、この時代には「女形」が男子同性愛者のひとつのキーワードとなっており、例えば『講談雑誌』（一九二七年十二月号）に「男同志が五年間の夫婦生活」という記事が掲載されており、女形と俳優の同性カップルが取り上げられている。登場人物が仮名となっているので実話なのかはわからないが、おそらくモデルとなった俳優たちがいたと思われる。現在、同性カップルについての記事といえば識者などによる論考が多いが、この時代はあくまでも興味本位の記事で

「二人の性的關係に至つては、此處に詳細をつくす事の出來ないのが甚だ殘念だけれど、藤井はいまだ一度も女に接した事のない男である。相手の男も藤井に依つて初めて性的充足を感じたほど、これまでに全然女の味を知つてゐない。そして二人は同棲以來、既に五年もたつてゐる」

と締めくくられている。

また『健康時代』という医学を笠に着た、エログロ味の強い月刊誌の一九三三（昭和八）年一月号には「變態女形の性生活」という記事も掲載されている。男らしい男同士の性愛を描くのは憚られるが、女形の同性愛者の生態を描くのは許されるような空気感があったように感じられる。同時代の読売新聞にも「變態生活を営む俳優の舞台と家庭」（一九三三年二月二十日）という特集記事が組まれており、同性愛者の女形が普段からどのような生活を送っていたのか取り上げられているのが興味深い。

また当時を代表するエログロ文芸雑誌『犯罪科學』では、男色の歴史を記した岩田準一「本朝男色考」の連載が開始されていることも特筆しておきたい。また、この『犯罪科學』ではたびたび、男子同性愛者の生態に関する記事を掲載しており、本書を執筆する上でもいくつかの記事が参考文献となっている。

同性愛と発禁

そして、この時代の性風俗関係の資料を語る上で、発売禁止本について記さなければならない。近代日本における出版法則は一八七二（明治五）年五月十三日に制定された「出版条例」に始まり、その後、一八七五（明治八）年、一八八七（明治二十）年に改正され、一八九三（明治二十六）年に「出版法」と名称が変更となった。当時の条例の中で性風俗に関する部分については

「出版条例第十八条　治安ヲ妨害シ又ハ風俗ヲ壊乱スルモノト認ムル文書図画ヲ出版シタルトキハ内務

大臣ニ於テ其ノ発売頒布ヲ禁ジ其ノ刻版及ビ印本ヲ差押ルコトヲ得」と、かなり漠然と記載されているのみである。そこで内務省では具体的な検閲標準を設け、大きく分けて安寧紊乱（不敬、共産主義に関する書籍など）と風俗壊乱に関する検閲を強化するようになった。

一九三三（昭和八）年に掲げられた風俗壊乱出版物の検閲標準を、『昭和書籍雑誌新聞　発禁年表　上』（明治文献、一九六五年）より、ここに引用してみたい。

①猥褻なる事項

1、春本、淫本

2、性、性慾又は性愛等に関する記述にして淫猥羞恥の情を起さしめ社会の風教を害する事項

3、陰部を露出せる写真、絵画、絵葉書の類

4、陰部を露出せざるも醜悪、挑発的に表現せられたる裸体写真、絵画、絵葉書の類

5、男女抱擁接吻、接吻（児童を除く）の写真、絵画、絵葉書の類

②乱倫なる事項（但し乱倫なる事項を記述するも措辞平淡にして更に煽情的若しくは淫卑、卑猥なる文字の使用なきものは未だ風俗を害するものと認めず）

③堕胎の方法等を紹介する事項

④残忍なる事項

⑤遊里、魔窟等の紹介にして煽情的にわたり、又は好奇心を挑発する事項

⑥其の他善良なる風俗を害する事項

と、このように記載されている。

また『昭和書籍雑誌新聞 発禁年表 上』には、一九二六（大正十五）～一九三三（昭和八）年までに発売禁止になった書籍、雑誌、新聞が、発売禁止になった日付や理由とともに掲載されているが、タイトルから男色に関する記述があるとわかる書籍で発売禁止となったものは、『同性愛の種々相』（花房四郎訳、文芸市場社、一九二九年四月発禁）、『エロ・グロ男娼日記』（流山竜之助、三興社、一九三一年五月発禁）の二冊のみであった。発売禁止の理由として、例えば「生々しい男色の記載があるため」などの明確な記載はなく、『エロ・グロ男娼日記』に関しては「「朝から夜中まで」等十節に分ち男娼の日記を叙す」という漠然とした発禁理由が記載されている。この『エロ・グロ男娼日記』に関しては国立国会図書館に収蔵されているので、興味のある方にはご一読をおすすめする。

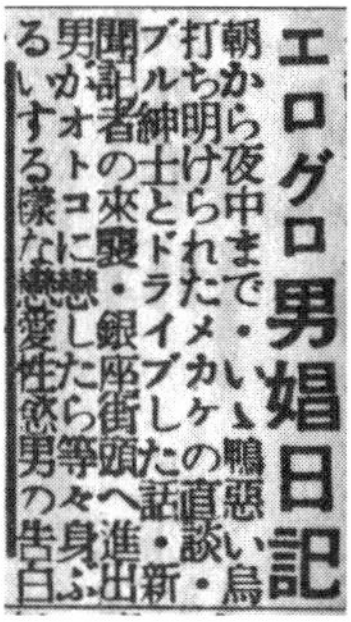

『エロ・グロ男娼日記』の広告。発売後に発禁となった。（『實話時代』1931年11月号より）

なお、本書の別項でも参考文献として使用した『實話時代』などの雑誌を紐解いてみると、男娼に関して記載された「淺草裏街生活者の點描」のかなりの部分が伏字となっていて、検閲の目が光っていたことが伺える。戦前の男子同性愛者に関する記事に、リアルタイムの出会いの場や〝ゲイバー〟の情報が記載されていないのは、この法令の「遊里、魔窟等の紹介にして煽情的にわたり、又は好奇心を挑発する事項」に該当するためだろう。

これらの資料から、戦前に男色に関するリアルタイムの記事が極端に少ないのは、特に男色に関する記載を控えるような法令があったためではなく、元から絶対数が少なかったことがわかる。戦前の男色に関する記事

『犯罪實話』（1932年1月号）。「えんこ變態獵奇エロ探訪　淺草陰間宿繁盛記」が掲載されているが発禁処分を受けている。

が一九三〇（昭和五）年頃に集中しているのは、明らかにエロ・グロ・ナンセンスのブームのためであり、そしてエロ・グロブームの終焉と、日本が戦時体制に向かう中での検閲の強化が重なっているため、昭和十年代になると男色に関する記事が極端に減ってしまう。

少ないとはいえ、このエロ・グロ・ナンセンス時代に、男子同性愛者に関する記事が掲載されていなければ、戦前の〝ゲイ文化〟について探ることは、かなり困難になっていたことだろう。

8 昭和を震撼させた〝ゲイ〟にまつわる事件

ここでは、戦前・戦後に起きたゲイに関する二件の事件について記載していきたいと思う。しかし、ただ過去の事件を掘り起こしたいわけではない。今回記載する二件の事件からは、当時の〝ゲイ〟の生きざまを知ることができ、当時の〝ゲイ〟がどのような環境にあったかなどを如実に知ることができる。

戦前・戦後の〝ゲイ〟がどのように生きたか、どのような環境にあったか、これから紐解いていきたい。

伯爵・柳原義光　男色スキャンダル

戦前の新聞を細かく見ていくと、同性自殺や男色に関する記事は確認できるが、スキャンダラスに取り上げられた男色に関する事件はあまり多くない。その中で特に語り継がれているのが、伯爵・柳原義光の男色スキャンダルである。

柳原義光といえば、大正三美人のひとりとして数えられる歌人の柳原白蓮の異母兄であり、皇室にも深い関わりを持つ貴族院議員として、当時としては世間に広く知られた名士であった。

事件の顛末

事件が報道されたのは一九三三（昭和八）年八月のこと。平林準という三十歳の男性のほか二名の男性が、築地署に恐喝と風紀壊乱で拘留されたことに始まる。

平林は大阪出身。新派俳優として名を馳せていた女形・木下吉之助の一座の女形（芸名・田中吉太郎）として活動していたが、昭和に入ってから俳優を廃業。その後、父からの遺産で生活をしていたが、一九三一（昭和六）年夏に子爵・蒔田廣城（一八八一―一九四三）からの紹介で、柳原義光と知り合うことになる。

柳原は身分を隠すために山口と名乗り（ヤーさんと呼ばれていた）、二人は築地や新橋周辺の料亭で密会、一回およそ十円という価格で「爛れた乱倫行為」を繰り返していたという。

その頃、平林は京橋区木挽町（現在の東銀座周辺）にバーを開業したというが、ここもゲイたちの溜り場だったのだろうか。

しかし二人の蜜月が長く続くことはなかった。知り合って二年足らずの一九三三（昭和八）年、平林に飽きた柳原は、新たな男を求めていくことになる。

そこで、それを嗅ぎ付けたのが華族に男娼を紹介するブローカー・目真野某であった。目真野は柳原から手切れ金を強請り取ることを画策し、弁護士を通して柳原に二千円を要求。当時の二千円といえば現在でいう数千万円に匹敵する金額だったため、柳原は要求を退けたが、目真野側は強固な姿勢で脅迫。困った柳原が、ついに築地署に届け出たことで、事件の全てが世間に露呈するに至ったのであった。

保釈された平林は新聞社のインタビューに対して

「ほんとに華族なんて横暴ですわ。わたし金なぞほしくないし生活にも直ぐ差支えはしないのに、ヤーさんが全然知らぬなんてあんまりよ。会って話してやりたいわ。しかし敗けたのよ。華族なんかの中にはこんな話たくさんあるわ」

と答えている。

この記事からわかること

実はこの事件、大手新聞社各社が大々的に取り扱ったものではなかった。それは、やはり皇室に深い関わりを持つ華族に関するスキャンダルだったからであろう。

筆者が気になった部分としては、二人が密会していたのが築地・新橋、また平林がバーを開業したのが木挽町だったことである。この一帯は東京でも屈指の花街として有名で、特に新橋は日本一の花街であった。銀座の芸者は金春芸者と呼ばれ、ひとつのブランドでもあった。

そこで思い出すのは、永井荷風『断腸亭日乗』の一九三二（昭和七）年十一月十八日の日記である。

「新富町萬安（料理店）の近所に男色をひさぐ者あり。御所望ならば御紹介申すべしといふ。軽邊の案内にて其家に赴き見るに、年頃三十位の役者の男衆とも見ゆる者取次に出で、二階八畳の間に案内したり。此家の主人は尾上朝之助（本名田中勇夫）といふ役者にて、当人のみならず其他三四人同業の陰間ありと云ふ」

と記載されている。

少なくとも場所を特定できるような記事は当時のメディアでは扱うことができないので、個人の日記だからこそ残すことができた貴重な記録ということができる。

この日記に「御所望ならば、御紹介」とあるのは紹介制だったという意味なのか、今では知るすべもないが、役者ばかりを揃えた紹介制ウリ専で、上客しか買うことができなかった事実があったとすれば、柳原と平林の関係性もリアルに見えてくるような気がする。

また華族に男娼を提供するブローカーがいたことも大変興味深い事実である。しかし、このブローカーの存在や噂については本事件以外の記載では見つけることができなかった。平林が「華族なんかの中にはこんな話たくさんあるわ」と語っているように、実際には皇族や華族にも同性愛者はいただろうし、例えば満洲国の愛新覚羅溥儀も同性愛者であったことは知られている。彼らに男娼を提供するブローカーがいたとしても不思議ではないだろう。

華族制度は一九四七（昭和二十二）年に廃止されていることから、華族へ男娼を紹介するブローカーという職業は戦前特有の職業だったともいえる。

車次久一　神戸ミイラ首事件

一九三三（昭和八）年九月六日、神戸のおでん屋「あたりや」の主人が、娘の通う長唄教室の師匠から預かっていた荷物の中身を探ったところ、水甕の中から人間の頭部のミイラが出てきたという事件が起きた。

犯行当時と思われる車次久一。
（『あまとりあ』1953年12月号より）

容疑者は関西地方で女形として活動していた車次久一（事件発覚当時三十三歳）、芸名を花柳美楽と名乗っていたそうだ。

巡業中に事件の発覚を知った車次は、間もなく一座から姿をくらましたが、同年九月三十日、大阪市と堺市にかかる遠里小野橋の橋下に身を隠していたところを大阪府住吉警察署の刑事に発見され、逮捕されるに至った。

事件後、ミイラとなっていたのは車次の同棲相手だった松本竹蔵（三十一歳）の頭部と発覚。車次が松本を殺害したのは一九二八（昭和三）年一月末のことで、松本の浮気に耐えかねた車次が、神戸の湊川公園で浮気相手を物色していたところ美容師の男と出会い、その男を西宮の自宅に連れ込んでいた。ところが、同衾中に松本が帰宅したために浮気が発覚。松本は「男のオレが多少浮気をしたからといって、女房役のお前が別の男と寝るとはけしからん。こうなったらお前を殺してやる。二度と浮気などできないように顔を滅茶苦茶にしてやる」と言い放ち、酷い暴行を加えたのであった。そのような恐怖の状況下で、車次は松本の殺害を決心する。

殺害後、二週間かけて死体をばらすと、切り落とした頭部は水甕の中に隠し、残りの身体部分は兵庫県西宮市にあった自宅の裏庭に埋めている。

以後、台所の床下に水甕を隠していたが、一九三一（昭和六）年に知人に荷物を預けたのがきっかけで事件の発覚と相成った訳である。

車次久一の半生

車次久一は一九〇一（明治三十四）年、大阪府大阪市出身。幼くして難波新地の貸席「東菊水」の養子になり、幼い頃から三味線を仕込まれ、花街の真ん中で芸妓などの女性たちに囲まれて育つことになる。

一九一八（大正七）年には上京し、学校に通ううちに、男子学生と懇ろ（ねんご）となり、男色関係を結ぶことになった。しかし、その男子学生が卒業と同時に故郷へ帰ることで、関係は解消することになってしまったという。

その後、別離による胸の痛みに耐えかねていた一九二〇（大正九）年、勉強するために通っていた日比谷図書館の帰りに日比谷公園で物思いに耽っていたところ、ドイツ人の貿易商カール・ウィルケンスと出会い、以後、ウィルケンスから巨額の金を受け取って愛人としての生活を送ることとなる。

車次久一の女形姿。短期間に多くの一座を渡り歩いた形跡が残っている。（『捜査と防犯』1937年より）

そして一九二六（大正十五）年にはウィルケンスと共に兵庫県西宮市に転居することになるが、ここが殺害現場となるのであった。

一九二八（昭和三）年、密かに事件を起こした翌年、車次はウィルケンスと別れ、手切金をもとに大阪最大の色街であった飛田遊廓北門に喫茶店や汁粉屋「胡月亭」を開業。羽振りのいい時には三人もの男を囲っていたとされている。

その後、商売は上手くいかず、杵屋彦太郎の名で長唄教室を開くなどして生計を立てていたようだが、一九三二（昭和七）年一月から市岡パラダイスに出演していた里見秀樂一座に加入し、女形として初舞台を踏んだという。逮捕されるまでに車次が加わった劇団として、ほかに春日輝一座、高村順一一座、市川小太夫一座、瀬川新之助一座、宮村五貞樂一座、新世界ラジューム温泉演芸部などの名が挙がり、関西のみならず中京から九州地方まで巡業を行っていたそうだ。

この頃は、俳優になるためには自治体に届けを出して、俳優鑑札を取得しなければならなかったので、今のように誰もが役者として舞台に立てる訳ではなかった。

事件発覚後の車次は、一九三四（昭和九）年に神戸地方裁判所で公判が開かれ、殺人および死体遺棄で懲役八年を求刑され、服役したが、六年後に仮出所したという。

その後は一座を旗揚げし、事件の顛末を自ら演じ、地方を巡業して回ったのだと伝えられている。悪趣味と思われるが、当時殺人を犯した者が出所後に自ら役者となって事件の顛末を演じるケースは珍しくなく、明治時代の花井お梅や阿部定も自ら犯した罪を演じた人々である。

日比谷公園は大正時代からハッテン場だった

この事件で注目したい部分は、今も都会のオアシスとして一般に親しまれている日比谷公園についてである。日比谷公園は昭和時代、東京を代表する男子同性愛者たちの出会いのスポットであったことは広く知られた事実である。このことについては多くの方々が書き残しているが、大正時代すでに日比谷公園が男子同性愛者の

関東大震災後の日比谷公園。日本有数のハッテン場であった。（『大東京寫眞帖』1930年より）

出会いの場（ハッテン場）であったことを証明する、最古の記録と思われる。かの三島由紀夫も小説『禁色』に

「H公園は大正期その一劃に練兵場があったその時分から、この種族の集まりの場として著名であった」

と記載しているのが、その裏付けにもなろう。

日比谷公園は一九〇三（明治三十六）年に開園。開園当時から公園内には喫茶店や洋風レストランが出店、野外音楽堂ではオーケストラの演奏を楽しめたりと、文化的な公園として東京市民に親しまれた。

車次の来歴によれば、関東大震災以前からハッテン場であったことがわかるが、日比谷公園がハッテン場として大きく機能していた時代について、残された記録をたどっていくと一九三〇年代から一九七〇年代くらいではないかと思われる（少なくとも、現在の日比谷公園は男子同性愛者たちにとって主要な出会いの場ではない）。

それには立地的な問題も関係していそうで、別項で劇場が立ち並ぶ浅草は男子同性愛者の欲望と娯楽の部分を満たす街であったことを述べたが、そういう意味では日比谷も同じような状況であったといえるのだ。
例えば一九三五（昭和十）年を考えてみた時、園内にある日比谷公会堂をはじめ、徒歩圏内に歌舞伎座、日本劇場（戦後、地階にあった映画館は知られたハッテン場だった）、東京宝塚劇場、日比谷映画館、有楽座など、東京を代表する大きな劇場が点在しており、新橋や銀座には花柳界があり、カフェーやバー、ダンスホールなどが立ち並び、暗闇＋人混みの場所には事欠かなかった。稲垣足穂（一九〇〇—七七）は『グロテスク』（一九三〇年一月号）の「少年讀本」の中で

「Asakusa では観音堂のよことかヒオタン池のむかうの小高くなつたところ。Ueno なら Negishi よりの高臺。Shiba は塔の下、Hibiya はこちらから入つて左の丘……」

と記載しており、銀座の街にも多くの男子同性愛者が闊歩していたようで、一九三一（昭和六）年刊行の『銀座細見』には

「銀座のはことに特別である。銀座には主として歌舞伎関係の女形が多い。しかも名題役者がこの珍な獵奇に歩き廻っているのだから驚く」

と記載されている。このような土地的状況にあって、人目につきにくい場所が多くある日比谷公園に男子同性愛者たちが集まってきたのは自然の流れだったのかもしれない。
ことに日比谷公園の角にある交番の後ろにあったトイレは有名なハッテン場で、当時の男子同性愛者たちは

トイレを「事務所」と呼んでいたそうだ。

『ADONIS』（四三号）には、S・Kという人物の一九三五（昭和十）年頃の回想が掲載されている。日比谷公会堂に新交響楽団の演奏を聴きにいく前、交番の後ろにあったトイレがハッテン場とは知らず用を足していたところ、三十歳前後の男に挑まれ、初めて口淫されるのを経験したと記載している。その後、桜間は相手を物色するためにたびたび日比谷公園のトイレに出入りし、ここでは大学生、船員、サラリーマン、労働者など、多くの職種のゲイと経験を重ねたという。

それから戦争をはさんだ後も、日比谷公園とそのトイレはハッテン場として大きく機能していくことになる。

一九五八年（昭和三十三）年刊行の『夜の異端者』（かびやかずひこ）によれば、

『有楽町駅の方に面した表口の鉄柵の辺には《外専》と呼ばれる外人相手のものが、また園内花壇のあたりには日本人相手のものが、それぞれ散在的に並んでいる。そしてまたその奥の方、少し高い丘の上にはこれはゲンミツにはゲイ・ボーイとはいいがたいが、純シロウトのホモ党がオトナシの構えで待機している』

このように、ハッテン場としての日比谷公園の様子を記録している。

ちなみに、男の花道といわれた石段は今も現存。トイレは現存していないが、九〇年代までは存在していたようで、ドラァグクイーンのL氏は

「九〇年代にはまだ残ってたよ。ああ、ここが昭和のゲイの出会いの場だったんだなぁって感慨深かった」

と証言してくださった。

9 『男娼の森』と戦後のゲイ群像

一九四五（昭和二十）年八月十五日、日本は戦争に負けた。東京の街は焦土となり、日本人の多くは衣食住が成立しない時代を過ごすこととなる。

街には栄養失調の戦災孤児や復員兵が溢れ、かっぱらい、もく拾い、鉄くず拾いで何とか生きぬき、今では喧噪の中に忘れられているが、上野駅の地下道では多くの餓死者を出した。

そして戦争で夫や恋人を亡くした女性の中には、生活のために夜の街に佇んで、男たちの袖を引く者もいた。今でも、上野公園にある西郷隆盛像周辺にある古い階段や、有楽町から新橋のガード下が当時そのままに残り、今となってはレトロスポットとなっているが、これらの場所は、かつて売春婦や男娼たちが商売を行っていた場所なのだ。まさに感慨無量、

「♪星の流れに身を占って どこを塒の今日の宿」

の世界である。

ここでは、戦争に翻弄されたゲイたちの姿を追っていきたいと思う。

戦争の中の〝ゲイ〟

エロ・グロ・ナンセンスの風潮を受けて、当時のメディアでは「グロテスク」と捉えられた男子同性愛者の世界であったが、一九三一～三二年を最盛期として、メディアで男子同性愛者を取り上げる記事は消えていく。それはまさに、日本が戦争へとひた走っていくのと反比例するようであった。そのため、戦争中の男子同性愛者たちの様子を知るには、ほぼ回想録に頼るしかない状況となっているが、大部分の男子同性愛者の戦時中の様子は軍隊生活に終始するだろう。

男子同性愛者たちの軍隊生活の回想録については本書の別項に記載しているので参照されたいが、青江のママこと青江忠一は、戦時中に従軍していたことを胸に一生をすごした人物である。

青江は後に、自らの来歴を語るインタビューで

「イビラレっぱなし、『コノヤローッ』って、ケツをけっとばされる、ブンナグラレル、ひどいもん。つらかったですよ。あたしのいうことが通じもどうもしないでしょ」

（小沢昭一『私は河原乞食・考』三一書房、一九六九年）

と小沢昭一（一九二九―二〇一二）に語っている。

また、戦前から戦後の兵庫県を舞台にしたノンフィクション小説のベストセラー『少年H 上巻』（妹尾河童、講談社、一九九七年）には、少年Hの家の近所に住む「オトコ姉ちゃん」という人物が登場する。彼は普段か

ら所作が女らしく、町内の演芸会では女装をして舞踊を披露するような人物だったことから、おそらく今でいうところのＬＧＢＴに該当すると思われる。そんな、おとこ姉ちゃんのもとにも召集令状が届いたが、彼は戦地へ赴くことはなく、自ら首をくくってこの世を去ったそうだ。まさに戦争悲話である。

一方、軍隊生活に男子同性愛者ということを見込まれて上官に可愛がられ、最終的には兵役免除にまで事を持ち運んで、

「戦争中は晝間はリーゼント、夜は少女歌劇みたいに男装のま丶お化粧して、ズボンはいて、女とも男ともつかずの姿をして……」（『月刊読売』）

と、戦時中にも関わらず悠々自適な〝ゲイライフ〟を送ったことを回想している者もいるほどで、三者三様で興味深いものがある。

また軍隊生活ばかりではなく、学生や身体の不調によって兵隊に赴けない人々は、軍需工場などで勤労動員の日々を送っていた。漫画家でゲイ研究者であった富田英三の『ゲイ』には、

「まもなく、あの大戦争がおっぱじまった。もはや、おかま……でもなかった。（略）国民服を着た男が、急に、しなを作って女言葉になるのだからただごとではない。」


と記載されており、戦地に赴かない場合でも、苦しい戦時下の生活を強いられていたことがわかる。

戦時中の回想については、戦争に対する個人の意見が大きく反映されているので、悲観的だったり、また過

去のこととして消化している意見まで様々である。

いずれにせよ、戦時中になると健康な男たちは兵隊となり、あるいは学生であれば勤労動員に精を出した。華美な喫茶店やバーは営業しづらくなり、男子同性愛者が集まった映画館や劇場も閉館したり軍部に接収されたりしたのだから、都市部に隠花植物のごとくこっそりと開いていた戦前の〝ゲイ〟文化は、戦時中には一時的に風前の灯火となっていったと想像ができる。

街角に立った男娼たち

終戦後の都市部には、戦争にかり出され、命からがら復員して来た男たち、空襲で家族や家をなくして行き場を失った女性や子どもたちが、なんとかその日ぐらしで生きていた。すべてをなくした女性たちの中には身体を売るしか生きていく術を見出せなかったものも多く、多くの人たちが集まった上野・浅草、また有楽町から新橋周辺では、夜の女たちが身体を売って生活をしていた。

それぞれのショバ（場所）には縄張りがあり、街によって格が決まってもいた。当時最も有名な街はラクチョウ（有楽町）で、街娼をモデルとしたベストセラー小説『肉体の門』（田村泰次郎、風雪社、一九四七年）の舞台にもなった街であり、ラクチョウの女たちは自分が有楽町に立つことを誇りにしていたともいう。一方、浅草は低級な街娼が集結した街であり、ホームレス相手のジキパンと呼ばれた街娼が、食べ物と引き換えに自らの体を差し出したというのだから、今では考えられない食糧難時代の産物といえる。

そして、このように娼婦たちが商売をしている場所に次第に出現し始めたのが、男娼たちであった。

一九五〇（昭和二十五）年に画家の伊藤晴雨が『人間探究』の十二月号に書いた記事によれば、上野の男娼の最高齢は歌舞伎俳優出身の六十四歳で、最若手は二十二歳とされている。

上野公園の男娼たちの多くは好きでこの道に入ったわけではなく、角達也の小説『男娼の森』（日比谷出版社、一九四九年）には

「大正時代から浅草界隈を根城に流し藝人をしながら、薄化粧の粋な男姿でひそかに客を引いていた男色者たちも、戦災で家を焼かれ、そのうえ料飲禁止となって、流し藝人も出來ず、全く生活の道を断たれて、犯罪人に落ち浮浪者になるものも出來だした」


とあり、そんな戦争犠牲者の中から生まれ出てきたのが上野の男娼たちであったのだ。

男娼たちはあくまでも女を装って客引きをしており、

「女装の男娼が、男と見破られないように苦心するのは、股間や、乳の格好のほかに咽喉佛である。彼らは同衾の場合は、ハンカチを巻いたりしてごまかすが、街頭ではなるべく襟の高い洋服や、せまく胸を詰めた和服の襟などで咽喉佛をかくす」

（『現代ロマンス』）


とある。実際に当時上野公園に立ち、後に女装芸者として温泉地で活動した浅草玉枝（お玉）は「私は上野の森の元祖」と自らを称し、

「最初はモンペ。でもモンペだとやりにくいのよ。それで古着屋で白っぽい着物を買ってきて、半帯しめ

て、割烹着を着て、風呂敷をかぶって。」

（『おしゃべり倶楽部』一九七九年）

と語っている。

また性行為の際は諸々のテクニックを使ってカモフラージュをしたといい、当時の記事によれば

「初心の男や酔漢は、テクニックで大抵ごまかすことが出來るという。模造オッパイに觸つても、まだ氣づかぬ男もゐるさうだ。彼ら男娼は皆乳バンドの下に、ゴム製の模造乳房を附けてゐるのだ」

（『眞相實話』一九四九年十二月号）

と記録されている。

現在でも上野公園は街燈が少なく木が生い茂っているため夜は闇につつまれるが、終戦直後の夜の上野公園は本当に月の灯りしかない世界だったのだろう。そこに華奢な男が身ぎれいに女装をし「私の主人は南方に行つて未だ歸つて來ないんです」とか「旦那が死んじやつて」などのセリフを消え入りそうな女声で喋ったら、騙される男もたくさんいたことだろう。

もちろん女装の男性と知っていて、彼らを買いに行く男たちもおり、角達也の『男娼の森』には

「驚ろいた事には完全な女装をしていなくて途中で男であることが

現在の上野不忍池周辺。かつて、ここには多くの男娼が商売を行っていた。

暴露しても、淫売であるという意思表示さえしていれば、客はいくらでもつくのであった。戦争の爲に、軍隊内で、徴用工場で、防空壕で非常に多数の男色愛好者の習癖者が出來ていたのである。戦時の不自由な生活に疲れた人々の神経は、視覚感情は女性美を追いながらも、肉体感情は男色女色の区別を持たないほど鈍感になり、変体化していたのである」

と記されている。

一九四七(昭和二十二)年の記事によれば

「上野の山内に巣くつているこの種の男娼は、約三十人もいるときく(略)ヤミの女などは足もとにおよばぬ生活をしている。一戸をかまえて、月一万以上の収入をあげているものがザラにいるそうだ」

(『新聞街』一九四七年十二月号)

と記されている。国家公務員の初任給が約四千円の時代に月収一万円を稼いでいたとなると、生活には困らないそれなりの稼ぎ高であった。前述の浅草玉枝の回想によると

「いちばん多い時で、二十七、八人とったわね」

「(「一人いくらぐらい?」という問いに)二百円。だから数をこなさなくちゃ。ねころんでやる人は千五百円ぐらいもらっていたみたい。私は立って、チャッチャカ、チャッチャカやる専門」

とあるので、月収一万円は無理な金額ではなさそうである。荒んだ生活を送り「どこを塒の今日の宿」と歌われた娼婦とは違い、高い稼ぎがあり、身の回りを清潔に整えていた男娼たちは、スムーズに家を借りることができたため、多くの男娼には自分の住家があったそうだ。男娼が独立して店を持ったという話があるが、それも納得がいく話である。また上野の男娼の数については狩り込みなどによって人数は流動的になっているが、一九四九（昭和二十四）年には「上野に百二、三十人ゐる」、一九五〇（昭和二十五）年には「ノガミに現在巣を喰ってゐる男娼の數は約四十名」（『人間探究』十二月号）とする資料もある。ことに転々と商売場所を変えることができる娼婦と違って、男娼たちはそう簡単に場所を変えることができなかったので、近隣の人々に嫌われぬように気を遣いながら、長く上野で商売を続けたようだ。当時のカストリ雑誌（『現代ロマンス』一九五〇年十一月号）にも「男娼の間には、不文律のオキテがある」として、

「絶對に仲間の客を横取りしないこと、いわゆるパン助の縄張りをおかさぬこと、一般の人々に不愉快な感じをあたえたり、迷惑をかけたりしないこと、標準相場を高くしたり、安く崩したりしないこと、あくまで親方の指揮に服従すること、検擧された場合には、絶對に仲間の住所姓名をあかさぬこと」

と記されている。

当時の上野の男娼で特に有名な存在だったのが、曾我廼家市蝶（小林由利）である。彼は若くして元松竹映画俳優であった岡本五郎の一座に加わり、関西で山田九州男・熊谷武雄・久保田清らによる三派合同の新派劇

曾我廼家市蝶が上野に立っていた時の様子。暗がりでは女性に見えたことだろう。（『人間探究』1952年8月号より）

団で本格的に女形となったのが一九三〇（昭和五）年頃。それから間もなく大阪を本拠地としていた喜劇の名門・曾我廼家五郎一座に入団し、曾我廼家市蝶の名を授かって活躍していた過去がある人物であった。曾我廼家一座を一九三七（昭和十二）年頃に退団し、浅草の金龍館に出演したりと芸能活動をしていたが、その後皇軍慰問団に参加して渡満。終戦は満洲の新京で知ったという。終戦のときはすぐに日本に帰国することはできず、歌手の二村定一などの協力のもと、新京でバー「蝶家」を開業。一九四六（昭和二十一）年十月に帰国できたが、待っていたのは生活苦であった。まず生計を立てるために煙草売りを始めたのち、浅草で昔の俳優仲間に「今の時代はプライドを捨てて自分の生きるべき道だったら何事も考えないで、身を落としてこそ浮ぶ顔があるんだから、どうしてもあんた、私の思っていることをやりなさい」と、半ば強引に始めさせられたのが、男娼の商売だったという。

そして市蝶は一九四六（昭和二十一）年十一月の雨の夜に、初めて男娼として上野公園に立ったのであった。それから市蝶は一九五〇（昭和二十五）年春頃に男娼を廃業し、一九五二（昭和二十七）年にバー「湯島」を開業。上野周辺のいわゆるゲイバーのはしりとなっている。

当時、湯島を訪れた人物の手記には

バー「湯島」の店頭に立つ曾我廼家市蝶。
（『人間探究』1952年8月号より）

「いなせな年増スタイルで銀杏返しのかつらをつけて佇んだ姿に、人生は夢なのか、己が姿が夢の中に生きているのか、兎に角妖しい美しさと同時に間近で見る中年男の女装姿に、もの、あわれと異端者の淋しく咲く隠花植物（とホモ族を言ひます）の悲しい運命を思います」

（『セイシン・リポート』三三号）


と記載されている。

当時の上野で商売をしていた男娼たちの歴史を紐解いてみると、市蝶たちのように女形出身の者が多かった。ほかには戦前浅草でダンサーをし、某映画俳優と同棲していた経験がある者や、女装してダンスホールのダンサー業との掛け持ちをしている者などがおり、ここでも芸能と深い縁があることがわかる。

『人間探究』（一九五二年、二七号）には

「上野名物の男娼は、都電山下停留所ぎわの、公園入口の邊から、そのあたりの不忍池畔に點々と立っている。女装・男装──男性本来の姿──とりまぜて、その数は約六十人」

とある。

ここで気になるのは、当初女装をし、独特のテクニックで自らを女として客をカモフラージュしていた男娼たちばかりではなく、男性の普通の装いで客引きをしていたゲイが出現しているところである。男装の男娼については一九四九（昭和二十四）年の記事にはすでに記載されているが、人数としては絶対的少数だったようである。

また上野公園の街頭に立つ職業男娼がいつ頃から減少していったのかについてであるが、昭和二十年代～昭和三十年代初頭の戦後復興に伴って減少傾向にあっただろうと推測はできるものの、『ADONIS』（一九五九年、四七号）によれば、一九五八（昭和三十三）年に施行された売春防止法の影響によって上野の街に男娼（その八〇％は女装者だったという）が増えたことが記載されている。赤線廃止後に男娼が増え、再び上野公園の男娼が盛り上がりをみせたというのは、興味深い現象といえる。

角達也『男娼の森』。田村泰次郎『肉体の門』と並ぶ戦後文学の代表的な1冊。

小説『男娼の森』

このように社会問題となった男娼であるが、現在〝ゲイ〟に関する歴史を追う者にとっては、終戦直後の男娼たちが果敢に顔出しをして雑誌などで自らの生活を語り残していることは、大変貴重な記録であり、それらがなければ、終戦直後の男娼の記録を調査するのは困難になっていただろう。男娼自らがメディアで語ることは、戦前にはないことでもあった。

そして一九四九（昭和二十四）年には、彼ら男娼をモデルとした小説『男娼の森』が雑誌上で発表されて（後に単行本化）、当時の出版界をアッといわせたものであった。夜の女をモデルとしたベストセラー『肉体の門』が刊行された二年後のことである。

『男娼の森』は上野で商売をしていた男娼をモデルとした小説で、終戦直後の雑然とした上野の風景、男娼がパンパンガールと共存していく様子、縄張りの中で上下関係ができていく様子、女形出身の男娼が過去の栄光を追って舞台に立つ様子などが如実に描かれている。小説といっても、モデルが実在していたり、男娼たちの様子をよく取材して描かれた作品なので、当時の男娼の生態を知ることができる貴重な作品となっている。

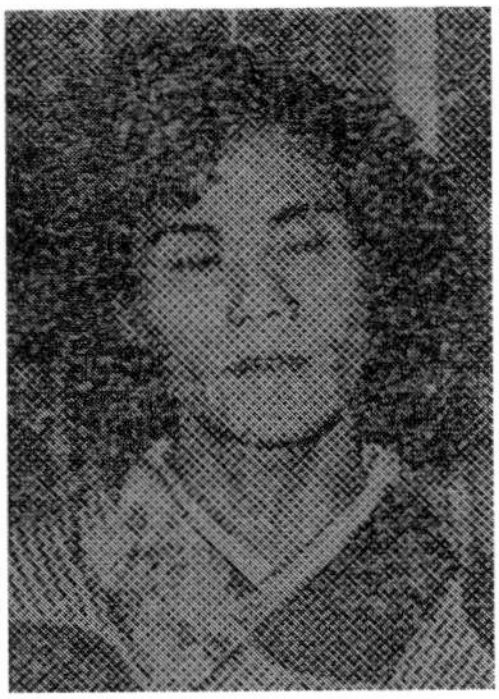

「お富ちゃん」こと岡美津夫。女形出身、上野でも有名な男娼であった。
（『月刊讀賣』1950年10月号）

この『男娼の森』は早くも話題作となったため、発表後間もなく浅草ロック座に出演していた、伴淳三郎が率いる劇団「ショウ東京ロック」によって舞台化されている。

昭和二十年代後半に「アジャパー」という珍妙なギャグで一世を風靡した伴淳三郎であるが、一九四九（昭和二十四）年といえば、まだ「アジャパー」でブレイクする以前のこと。伴は男娼を演じるためにオネエ独特の所作を学び、ばっちり所作を身に付けて舞台に上がったところ大評判になった。すっかり男娼に馴染んだ伴に対して「あんた、役者なんかやめてオカマになんなさいよ」と、男娼たちはしきりに勧めたというのだから面白い。

この『男娼の森』の噂を聞きつけた上野の男娼たちも劇場につめかけ、黄色い声に非ず野太い声で声援を送ったそうだ。

また、この公演には、小説に登場するお照のモデルとなった男娼の「お富ちゃん」こと岡美津夫本人が舞台に客演していた。というのも、不良少年や暴力団と喧嘩してしまうお富ちゃんを面白がった伴淳三郎が役者として起用したのだが、この岡美津夫は一九四〇（昭和十五）年頃に浅草昭和座に出演していた劇団で剣劇女形をやっていたので、全くの素人が舞台に立ったというわけではなかった。

岡は劇団生活を終えて、戦時中は大阪へ移住し、生命保険会社社長の妾をして生活をしていたが、戦後、生活に窮したためか上野公園に立つようになり、人に知られた男娼になったのであった。ちなみに、舞台『男娼の森』に出演後も男娼生活を送っていたようで、その後、九州の方に流れていったなどの噂が立ったきり行方知れずとなったそうである。

田中栄一警視総監を殴る

このように男娼という言葉が世間的に知られるようになっていた頃、上野の男娼の存在を世間に示す決定的な事件が起きた。それが、一九四八（昭和二十三）年十一月二十二日午後七時過ぎに起きた警視総監殴打事件である。

事件の顚末としては、警視総監をはじめ上野警察署長、サン写真新聞・サンニュース・ニッポン経済新聞の記者とカメラマンら一行が上野公園を臨時一斉警戒巡視という名目で視察していたところ、十数名の男娼たちと鉢合わせをしてしまう。すると警視総監と同行していた新聞社のカメラマンがフラッシュを焚いて男娼たちを無断で撮影したため、男娼たちは激怒。そこに娼婦たちも加わり「こゝはどこだと思っているんだ、ノガミを知らねえか」と警視総監一行に襲い掛かった、という事件であった。なお「ノガミ」とは上野を指す隠語である。

警視総監一行はカメラを壊され、フィルムを取られ、袋叩きに遭ったのだという。

この事件はメディアでも大きく取り扱われて、当時の新聞には「夜の男の集團暴行　警視總監毆らる　上野で記者ら袋叩き」(「毎日新聞」一九四八年十一月二十三日)の見出しがおどり、終戦直後を象徴する事件として現在でも知られている。

この際に警視総監を殴打したのが、男娼のおきよともお富ともいわれているが、当時の新聞によれば中村秋子を名乗る三十七歳の男性が逮捕されている。新聞の見出しにある通り複数で袋叩きにしたのだから、複数の人が「私が警視総監を殴った」と語っても不思議はない。

なお、この事件がきっかけとなって同年十二月十日から上野公園が夜間立ち入り禁止となってしまった。

男娼の住む町・下谷万年町

この警視総監殴打事件は、戦後史の中でもかなり有名な事件であるが、この事件を取材して書かれたのがアングラ演劇の旗手、唐十郎の『下谷万年町物語』である。なぜ、男娼の物語に下谷万年町という題名がつけられたのかというと、下谷万年町は上野公園に立っていた男娼たちの住居が寄り集まっていた場所だからである。下谷万年町は一八六九（明治二）年に名付けられ、一九六五（昭和四十）年まで存在した町名である。現在の東上野四、五丁目～北上野一丁目周辺で、上野駅からほど近い場所に位置しており、一九五〇年代から現在にかけてゲイバーが密集する区域からも徒歩数分の立地にも、何か関係性を見出すことができそうである。

この下谷万年町は男娼の町以前に、四谷鮫河橋、芝の新網町と並んで東京三大貧民窟として知られた地域であり、唐十郎もこの街で育ったといわれている。

当時の下谷万年町には日雇い人夫や屑拾いで生計を立てている者が、貧乏長屋に肩を寄せ合って生活していたといわれており、唐十郎が下谷万年町について書いた『わが青春浮浪伝』にも多くの奇人変人が登場する。「その頃はどこの家にもオカマが群棲しており、ヒロポンに頭をやられて、真昼間の小路をひっきりなしにかけずりまわっていた」とあり、ノンフィクション風ではあるものの、あくまでも小説なので脚色はしているだろう。しかし、一九四〇（昭和十五）年生まれの唐が少年時代を過ごしたとなると、昭和二十年代、まさに上野公園の男娼華やかなりし時代と時期は重なるので、実在の人物たちをモデルにしたと考えられる。

男娼たちの多くが下谷万年町に住んでいたという事実は当時から知られており、例えば『男娼の森』のモデルとなったお富ちゃんも、曾我廼家市蝶を男娼へと導いた友人の元女形も下谷万年町に住んでいたとの記述が残されている。

二〇二一年現在、かつての下谷万年町の周辺を散策したが、当時の面影を残す建造物などはないものの、高層ビルなどが建っておらず、都会の狭間に取り残された一角のような印象を受けた。

また万年町からは少し離れるが、上野公園の国立西洋美術館の裏手（現在の上野公園・緑の相談所）に「おかま長屋」と呼ばれた、男娼の住家および商売場所が一九八七（昭和六十二）年六月まで存在していた。そもそもこの長屋の正式名称は「竹の台会館」で、一九五六（昭和三十一）年にホームレスの収容場所として建造されたものであったが、収容された人々の中に男娼が含まれていた。当初の収容期間は一年間という期限つきだったそうだが、結局男娼たちは以後三十年も居座り、しまいには商売を始めてしまったのだという。この建物が解体される少し前には十人ほどの男娼が商売をしていたそうだが、「おかま長屋」に関する情報は少なく、今となってはほとんど都市伝説化してしまい詳細を知ることができない。歴史に埋もれつつある上野の男娼史の一篇として、ここに書き添えておきたい。

SEXの実演ショウに出演した男娼

戦後の性の氾濫とともに、カストリ雑誌の発行やストリップの全盛時代を迎えることになるのだが、一方ではさらにディープなものとして、SEXの実演ショウが行われるようになっていった。これらは当然のことながら警察による検挙の対象となるので、上演が公にされることはないものであった。

もちろん戦前からSEXのショウやブルーフィルムの上映などは行われていたであろうが、戦後になってより庶民的な秘め事として巷間に広がっていたのだ。

当時のカストリ雑誌で取り上げられているのはもちろんであるが、二〇〇五年頃、当時七十代の男性から「昭和二十年代後半、鳩の街（赤線）で白黒ショウを見た。小さな部屋の一室で鑑賞料は一部屋千円だった（五人で見た場合は一人二百円）」と聞いたこともある。白黒ショウとは女（白）と男（黒）のSEXショウのことで、白白ショウ（女性同志）などもあったそうだ。さすがに黒黒ショウの証言を聞いたことはなかったが、『怪奇雑誌』一九五〇（昭和二十五）年十二月号を紐解くと、男同士のSEXショウが行われていたことが記録されていた。

行われたのは一九五〇（昭和二十五）年七月、二十一時頃から三十分程度。場所は日本橋小伝馬町にあったカフェー「ドラム」の二階にあった日本間だったということである。

女役は上野の山の男娼で下谷万年町に在住していた源氏名・光子（二十九歳）、男役は同じく上野の男娼であった松ちゃん（二十二歳）。当日は会社の重役や工場主など常連客十四人が集まり、当日の参加費は一人千円だったそうだ。

当日の様子は

「部屋の模様はというとこれはいたつて、殺風景のもので特別なライトも使用せず、六疊と八疊の部屋をぶち抜いて薄ッペラな敷布團を一枚その隅にしいたきりのものであつた。」

「十四人の客は皆片唾をのみながら、この二人を仰えていたが、一人として野次を飛ばすようなものもなく、至つて靜粛そのもので、二人が寝ころぶとうしろの方には浮腰になつて首をのばす客もあつた」


と記されている。

しかし、この男同士のSEXショウは公演半ばで、警察の検挙が入ったため、四十八手の何手かだけが披露されたに過ぎなかったという。

この検挙に関してはカストリ雑誌だけでなく、当時の新聞「内外タイムス」でも報道されているようなので、実際に起きた事件に間違いはないようだ。

またSEXショウではないが、一九五一（昭和二十六）年九月には、横浜にあった女子洋裁学校の地下室で行われていた男娼によるストリップショウもワイセツ物公然陳列罪で検挙された記録が残っている。

この洋裁学校の地下室では同年四月頃から毎週土曜日の二十二時頃から翌朝にかけて、男娼九人がストリップショウを実演していたのだという。平日の昼間は若い女性たちが健やかに洋裁を学ぶ学校の地下室で、男娼によるストリップショウが上演されていたとは、まるで小説にでも出て来そうな様子ではあるが、観客からは五百円ないし千円を入場料として徴収。警察が検挙に踏み込んだときには約四十人の観客たちが飲酒しながら鑑賞していたと記されているので、それなりの収益を得ていたと思われる。観客は四、五十代の会社の重役が大部分で、女性客も含まれていたという。

この男娼によるストリップショウがどの程度のものだったか詳細な情報は得られないが、女性ストリップでも全裸になるだけで検挙された時代なので、地下イベントとして過激なストリップが上演されていたのではないだろうか。

以上、これらは当時の世相を揺るがすような事件ではないが、当時の男娼たちのアルバイトとして秘密の黒黒ショウやストリップショウがあった事実は、ゲイ文化の歴史の一ページの片隅にも書き残しておきたい。

出会いを斡旋する秘密クラブ

社会的地位がある同性愛者になると、上野の森を徘徊し男娼を買うことも憚られ、公園や映画館などのハッテン場で相手を探す行為も、なかなか行いにくいものだろう。

そこで生まれたのが、社会的地位があったり金満家などに若い男性を斡旋するクラブであった。そもそも、戦前にも華族などの特権階級の同性愛者に男性を斡旋する商売があったことも事実であり、いつの時代にも存在するゲイ商法でもあった。

これらの斡旋クラブはあくまでも秘密の組織なので記録がほぼ皆無であり、今となっては戦後のカストリ雑誌などに掲載されている探訪記事を探るしか、その実態を知る手立てはない。

そこで参照したいのが、一九五〇（昭和二十五）年十二月に発行された雑誌『怪奇雑誌』で、「猟奇探訪　美少年を愛する變態　秘密クラブを探る」という貴重な記事が掲載されている。

この記事を読んでわかることは、紹介制であること。場所は明記されていないが、丸の内周辺のビルの地下にあったことである。看板などが掲げられていないドアを開けると受付の部屋があり、十五、六歳のボーイに荷物を預けると、奥の部屋に通されるのだという。

その奥の部屋の様子は

「廣さは十五疊ぐらい、床には一面赤いジユウタンが敷かれ、豪華なテーブル椅子のセットが六組ばかりある。一隅にカウンターがあつて、夥しい洋酒の瓶が棚にぎつしり陳列されてある。そこだけがまばゆいほどの照明、部屋全體は、間接照明で、薄桃色のほの明るさ」

「カウンターの前に、キチンと立つている五人の少年たちといゝ、年は十六から十八ぐらい、いすれも色が抜けるほど白く、繪に書いたような美少年である」

と記載されており、今でいうウリ専バーと重ねることができる。

しかし今のウリ専バーや当時のゲイバーと違うところは、あくまでも紹介制の会員制クラブであるところである。この記事を読むとカウンターに立つ美少年は全員で八人おり、戦前には長くパリに住んでいたというオーナーの家に寄宿しながら十五時～十八時三十分までカウンターに立ち、その後は「大がいお客様とホテルへ行きます」と記載されている。

また、このクラブの会員は取材時で八十七人いたようで、なんとそのうちの十七人は女性会員だったそうだ。いくら終戦直後の混乱期といっても、未成年者に売春をさせるのはアウトなので、かなりアンダーグラウンドな商売だったために、金額も高額だったようだ。この少年たちはオーナーから月一万円の「お小遣い」を貰っていると記載されているが、例えばこの記事が公開される前年の一九四九（昭和二十四）年当時、大卒の国家公務員の初任給が四千二百二十三円であるのと比較すれば、いかに少年たちが高額の「お小遣い」を貰っていたのかがわかるだろう。

この記事から多くの情報を得ることはできないが、誰でも出入りできたゲイバーやアドニス会（12項参照）など、素人同志のゲイの交流を目的とした会とは別に、このような会員制の秘密クラブがあったこともゲイの歴史の中で書きこぼすことはできない。

進駐軍の兵士によってもたらされたゲイ文化

ここまで戦後になると大っぴらにゲイ文化が花開くことになると述べてきた。その要因についてはいくつか考えられるが、なによりも軍隊で男色の味を覚えた兵士たちが続々と復員してきたこと、戦後の性開放によってカストリ雑誌（エロ雑誌）に男子同性愛者に関する記事が掲載されたことで、例えば上野公園に行けば同性と体の関係を持てる、などの情報を容易に得ることもでき、現地に行けばハッテン場などの情報交換もできただろう。

そして、ここで記載しておきたいのは、戦後のカストリ雑誌の記事などからわかるものとして、駐留していたアメリカ軍兵士によって男色を知った者も少なからずいた点である。

戦後、基地をはじめ多くの施設がアメリカ軍に接収され、それらの施設で働いていたのが日本人であった。戦後、多くの日本人女性がアメリカ軍兵士とカップルになったことは歴史的に知られたことではあるが（その後の混血児問題も含め）、日本人とアメリカ人の同性パートナーが生まれたことも無視できない歴史的事実である。

一九五四（昭和二十九）年九月十七日に発行された新聞「内外タイムス」には「これも戦争の落し子　春を売るゲイ・ボーイ哀話」という記事が掲載されており、「かれらの多くは占領軍の兵隊によってGAY・BOYに転落させられたものなのである」と記されている。この記事によれば、当時のゲイボーイたちの前職は進駐軍宿舎のボーイや雑役夫が一定数おり、その中には進駐軍宿舎の前で靴磨きをしていた少年が米兵宅のボーイとして雇われ、そのまま体の関係を持つようになったという記載もされている。富田英三の『ゲイ』には、日比谷公園にゲイのアメリカ軍兵士が出会いを求めて集まっていたことが記載されており、日本人とアメリカ軍兵士の同性の出会いは米軍施設だけではなかったこともわかる。

この「内外タイムズ」の記事内で取り上げられているアメリカ軍兵士のパートナーとなった少年は

「はじめは、がまんできなくて飛出そうと思ったが、嫌なのは晩だけで、後は天国のような生活」

と証言している。これは当時のアメリカ人を相手にしたゲイたちの核心をつく部分だろう。終戦直後の日本人の貧しさは筆舌に尽くしがたいものがあることは想像に難くないが、アメリカ人の愛人になることで衣食住が成り立った裕福な生活の片鱗に触れられるのは、戦争に負けた屈辱より、一種の憧れとして強く作用したのではないだろうか。

一九五三（昭和二十八）年以降に刊行された『ＡＤＯＮＩＳ』の数冊に、アメリカ軍兵士との体の関係を告白した手記や、日本人男性とアメリカ軍兵士との恋愛を描いた小説が掲載されている。一九五三、四年を境に、アメリカ軍兵士と日本人の男色関係に関する記事が一時的に取り上げられるようになったのは、アメリカによる日本の占領時代が過去の思い出となったからなのかもしれない。そして昭和三十年代に入り「もはや戦後ではない」といわれるようになってからは、すっかり語られなくなってしまった部分でもある。

戦後という世相の中、幸福に結ばれた日米同性カップルの話はほとんど残されておらず、例えば、米軍施設で男色行為を覚えさせられた後に同棲をしたが、アメリカ軍兵士が転属（朝鮮戦争に召集された兵士が多くいたそうだ）になったことで生活ができなくなって男娼となり、別のアメリカ軍兵士と関係を持ったが、痴情のもつれから刺傷事件を起こした青年の話などが残されている。これは、当時のアメリカ軍兵士とゲイの関係を象徴するような悲劇的な末路といえる。
このような日米のゲイに関する事件は昭和二十年代に増加したようで、「日本に来ているGI達で同性愛だったら本国に送還されるという」（『デカメロン』一九五四年二月号）とも記されていることから、社会問題視されていたのかもしれない。

そもそも、戦後「ゲイ」という言葉が日本で使用されるようになっているが、イラストレーターでゲイ研究家であった富田英三の『ゲイ』によれば

「ゲイ……これは終戦後の、女装を必ずしも必要としない中性的な少年たちに、いみじくもアメリカ人によって与えられた言葉である」

「日本を占領したアメリカの兵隊たちが、ぶらぶら歩いていて、可愛い青年を見つけるとへーイ、ユー・ゲーイと呼びとめたことが、そもそもの始まりだろう」

との説明がなされている。当初アメリカ軍兵士はゲイという言葉を「派手な少年」「一緒に歩いて遊んでみたいなと思う少年」ぐらいの意味で使っていたとあるが、次第に日本で男子同性愛者を指す言葉となっていったそうだ。
補足ではあるが、戦後「ゲイ」という言葉とともに男子同性愛者の呼称となっていた「ソドミア」の語源は、旧約聖書に出てくるソドムの街で男色が盛んだったことから生まれたとされている。

10　三島由紀夫が通ったバー・ブランスウィック

作家・三島由紀夫が新進作家として登場し、自分のセクシャリティを告白した『仮面の告白』（一九四八年）で世間を騒然とさせてから数年、再度、議論を巻き起こした作品が雑誌『群像』に連載し、単行本化された『禁色』（一九五一年）であった。出版後から登場人物のモデルについて憶測が飛び交い、『ＡＤＯＮＩＳ』三号（一九五二年）には田中純夫が「小説「禁色」の周邊」（『人間探究』一九五三年五月号に加筆記事を掲載）を寄稿している。

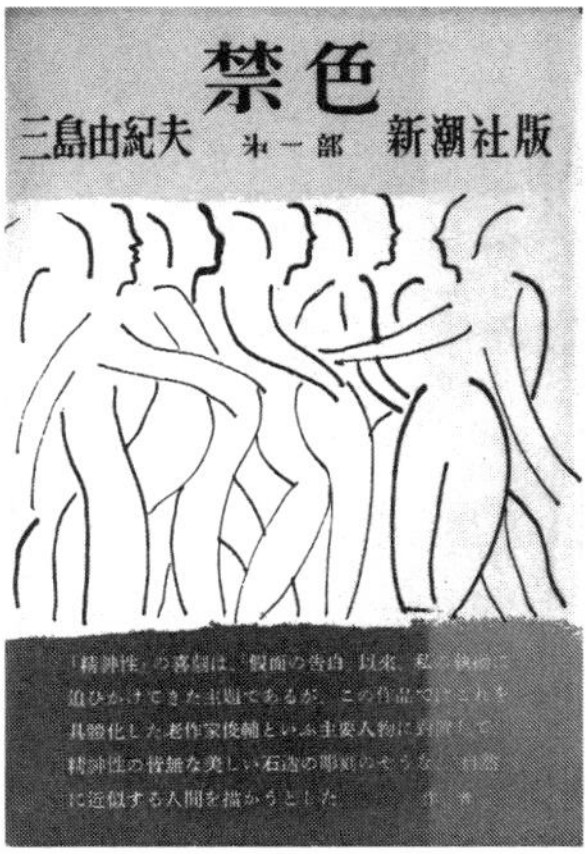

『禁色』（1951年刊）。三島由紀夫の代表作のひとつ。

この小説は全くのフィクションではなく、例えば悠一は三島と交際していた「池袋の勇ちゃん」という人物だったというし、「オアシスの君ちゃん」のモデルは吉野ママこと吉野寿雄さんである。そして、檜俊輔のモデルは三島と師弟関係にあった作家Ｋではないか、とも田中純夫は記載している。

そして、この小説に登場する「ルドン」も、実在した「ブランスウィック」というバーであったことは、三島の生前から長く知られている事実である。また「ルドン」のマスター・ルディーも、

「ブランスウィック」ではケリーを名乗る実在人物であった。

一時期は毎晩のように三島が現れたという、銀座のバー・ブランスウィックは、一体どのようなバーであったのだろうか？　今回は新発見を交えて、その周辺を洗ってみたいと思う。

三島が愛した店

ブランスウィック……かつてジャズ愛好家に知られた、アメリカのレコードレーベルの名称である。この優美な店名のバーが、三島由紀夫の愛した店であった。

このブランスウィック、『禁色』では有楽町の一角で営業していたと記載があるが、一九四六（昭和二十一）年新橋駅北口にあった新生マーケットの成り立ちとともに創業したのが、その始まりであった。

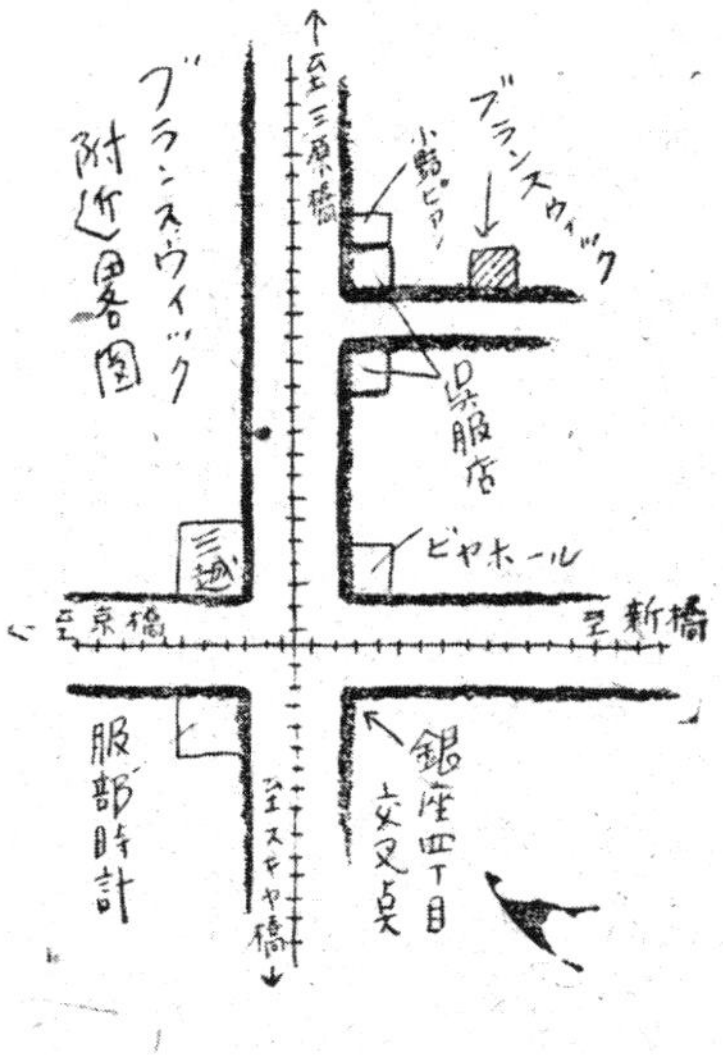

ブランスウィック周辺の図。ブランスウィックは銀座のど真ん中にあった。
（『あまとりあ』1955年7月号より）

新生マーケットは日本一の闇市といわれる場所で、関東松田組（松田義一組長）が支配していた土地で、抗争のために組長の松田は死亡。その後を継いで、新生マーケットを縄張りとしたのが女親分として名を馳せた松田芳子（松田義一夫人）であった。戦後の混乱期、たび重なる抗争によって、かなり殺伐とした状況下でブランスウィックは営業していたと想像できる。

一九四七（昭和二十二）年には火事でマーケットが焼失。その後、ブランスウィックは銀座五丁目へと移転し、一九四八（昭和二十三）年に再度営業を始めることとなる。

銀座に移転してからのブランスウィックの内装については、『あまとりあ』（一九五五年七月号）にある。

「内は昼でも夜でも何かキラキラと明るい感じ、そして又、映画のセットでもあるかのような玩具的でも奥の方にカウンター、客席は割合広く綺麗なテーブルが六、七脚、天井にはヤタラに多彩多角なシャンデリア、一つの柱には派手なリボンで鍔広のキューバン・ハット、又一つの柱にはヒコーキの模型が掛けられてある。何やら女学生か中学生相手の喫茶店といった風だ。」

とあり、秘密クラブというよりは、むしろ入店しやすい雰囲気だったことがわかる。そのため、男女カップルや女性グループもゲイたちが集まるバーであることを知らず、気軽に入ることができた店だったという。

しかし、それはブランスウィックの表の顔に過ぎない。馴染みのゲイたちは暗黙の了解で、黙って二階へと上がっていくのであった。

「二階も、いままで記した他の店と比べて広い方だ。階段を上りきったところにカウンター、それからズッと戸外の方に向かって客席がとってある。ボックスが七、八ツ、通路は緩やかだから、三組四組は充分に踊れる。」

（『あまとりあ』一九五五年七月号）

このブランスウィックでアルバイトをしていた美輪明宏は『紫の履歴書』で、ブランスウィックの二階の様子を描いている。

「一階は普通の喫茶店だが、二階は何やらアラビア風の怪しげなムード。真紅のビロードのボックスには豹の毛皮が置いてあったり、中二階のような形で、ささやかな三階のフロアがあったり、それに通じる金の手すりの階段があったりで、夜のとばりが下りれば、ボーイやマスターがフロアショウに踊りを披露したりもする」

とあり、この二階でゲイたちはそれぞれに仲間との会話を楽しんだり、ダンスを踊ったり、または相手を物色したりして、思い思いの時間を過ごしたのであった。このように、一階は普通の喫茶店やバーでありながら、二階ではゲイが集う社交場という営業形態は、当時のゲイが集まるバーとしては珍しいものではない。ブランスウィックではゲイとノンケ客の区別ができるように、ティーカップの持ち手の色を変えて提供していたそうだ。

このブランスウィックは三島由紀夫が通った店としてではなく、無名時代の若き丸山（美輪）明宏や野坂昭如（一九三〇―二〇一五）がアルバイトをしていた店としても、知られている。

丸山（美輪）明宏は一九五一（昭和二十六）年の夏休みにアルバイトとして入店。店内で三島由紀夫や江戸川乱歩を接客し、三島も乱歩も美輪の溢れ出る才能の虜になったようである。

ブランスウィックでの美輪明宏はジプシーという源氏名を名乗っており、ある夜はブランスウィックの階段をステージにして、ミニコンサートを行ったのだそうだ。

黒ずくめの衣装で歌ったのは、当時流行のシャンソン『枯葉』であった。マスターのケリーは、美輪のことを「当店の専属歌手」と客に紹介し、大切にしていた様子が伺われるものの、美輪の接客態度がケリーの癇に障り、間もなく首を言い渡されてしまうのである。

ちなみに美輪が店を去ったのと入れ替わるようにして、一九五二（昭和二十七）年春にバーテンダー見習いとして入店してきたのが野坂昭如であった。野坂は入店直後にゲイが集まる店であることを知ったため、一週間ほどで退職してしまったという。

また、このブランスウィックが銀座で営業していた期間は意外と短く、一九五四（昭和二十九）年には閉店、一九五〇年代後半に発行された複数の資料にはブランスウィックは赤坂へ移転されたことが記されている。

前身は日本初のジャズ喫茶

『禁色』には

「彼は銀座界隈では二十年からの古顔であつた。戦前西銀座にもつてゐたブルウスといふ店では、女の子のほかに美しい給仕の少年が二三ゐたので、男色家はそのころからルディーの店にしばしば寄りついた」

と書かれており、この物語中の「ブルウス」こそ、ブランスウィックの前身であるブラックバードであった。

ブラックバードは一九二九（昭和四）年に本郷の東京帝国大学（現・東京大学）赤門前に開業。学生ジャズバンドが盛んな時代、多くのモダンな学生たちで賑わったことだろう。一九三一（昭和六）年には京橋に支店としてブランスウィックを開業、一九三三（昭和八）年にブラックバードは銀座へと移転したのだという。

当時を知る音楽評論家の故S氏に戦前のジャズ喫茶の様子をインタビューしたところ、大抵フロア型の電気蓄音器が二台設置されており、レコードをかける係りの若くて美しい女性がいたそうだ。この美しいレコード係が学生たちのマドンナ的存在だったということである。

しかしブラックバードには当時最高級であったビクターの電動式連動プレーヤーが導入されていたということから、レコードをかけるレコードガールはいなかったと思われる。

またS氏は、三島由紀夫と学習院、帝国大学で同窓生という方である。三島は戦前からブラックバードなどに通っていたかもしれないという仮説を立ててS氏に質問したが、それはわからないとのことだった。少なくとも、三島は学生時代に「自分は男子同性愛者」であることはさらけ出してはいなかった、と筆者の質問に答えて下さった。

このように戦前にケリーが経営していたのは、あくまでもジャズ喫茶ではあったが、伏見憲明の『新宿二丁目』によると、すでに〝ゲイ〟たちが集まっていたそうだ。

ジャズ全盛時代であった戦前の東京において、ブラックバードは最も有名なジャズ喫茶のひとつであったが、戦時中には敵性語追放の時代の中で店名を「紅谷」と改称した。ジャズ音楽は敵性音楽として弾圧され、ジャズ演奏家、ジャズ喫茶にとって受難の時代が待ち構えているのであった。一九四三（昭和十八）年には内閣情報局によって「廃棄すべき敵性レコード一覧」が通達されて、具体的にどのレコードを演奏してはいけないかが発表されており、該当のレコードは供出をさせられ、再利用されたそうだ。

『写真週報』一九四三（昭和十八）年二月三日号には「米英レコードをたゝき出さう」の見出しとともに「耳

の底に、まだ米英のジャズ音樂が響き、網膜にまだ米英的風景を映し、身體中から、まだ米英の匂ひをぷんぷんさせて、それで米英に勝とうといふのか、敵への媚態をやめよ」という文言がおどっている。

ジャズ喫茶に通っていた若い世代が兵士として戦地へ赴き、還って来なかった若者も多かったことだろう。

野口が戦前に経営していた「ブラックバード」の雑誌広告。
（『モダン・ロマンス』1935年4月号より）

浅草のダンサーだったケリー

不思議と文化人や、後に文化人となる人たちが集う喫茶店やバーというものが今も昔もあるが、そんな存在であったブランスウィック。

そのブランスウィックを経営していたマスターのケリーはどのような人物だったのだろうか。

丸山（美輪）明宏は『紫の履歴書』の中で、

「南米風に造作された店の模様にふさわしいマスターは、コールマン髭で、ラテン系の混血らしい太った四十男だった」

とあり、また『あまとりあ』（一九五五年七月号）にも

「ここのマスターは年のころ四十五、六、鼻下には小粋な髭、長髪、店の飾り付けでもわかるように服装もなかなかの派手好みだ」

と、やはり同じような印象が記載されている。

一九五〇年代に派手な四十男だった経営者のケリー。本名を野口清一といい、またの名を野口清と名乗った。そんなケリー自身が、かつてダンサーだったというのだ。

伏見の『新宿二丁目』には、

「野口清は元々はダンサーを目指していて、脚の怪我でそれを断念せざるを得ず、ジャズ喫茶の開業にいたったのだという。野口自身、流浪時代にカジノ・フォーリーでエノケンと踊っていたことを語っている（以下略）」

という興味深い一文が記載されている。

そもそもカジノフォーリーとは、フランス帰りの画家・内海正性が現地で観た、フォーリー・ベルジュール、ムーラン・ルージュやカジノ・ド・パリなどのレビューをヒントに、一九二九（昭和四）年七月に浅草水族館

の二階で旗揚げされたレビュー劇団であった。決して大劇団という規模のものではなく、あくまでも水族館の二階にある演芸場に出演していた劇団で、榎本健一の回想（『喜劇こそわが命』）によれば、

「カジノの舞台は間口が四間ぐらい。客席は長い床几のような粗末な板でできた椅子だった。入場料は三十銭ぐらいの大衆料金で、出し物は五本立てというサービスぶりだった。」

とある。

一九二七（昭和二）年には宝塚少女歌劇団によってすでに豪華なレビュー『モン・パリ』が上演されており、一九二八（昭和三）年には浅草松竹座で松竹少女歌劇団が創設されたばかりであった。

カジノフォーリーは、喜劇王・榎本健一を輩出したことで今や浅草芸能史の中でも伝説的な劇団となっているが、カジノフォーリーが注目を集めたのには訳があり、一九三〇（昭和五）年に東京朝日新聞で連載されていた川端康成の小説『浅草紅団』で取り上げられたためであった。

さらにカジノフォーリーでは若い娘がキワドイ衣装でダンスを踊り、踊子がズロースを落とすという噂も立ったことから、鼻下長連が押し寄せるようになり、「エロチシズムに渇き切つてゐた大衆の意氣にピタリと投合したのであらう！」（『日本歓楽郷案内』一九三一年）ということで、エロ・グロ・ナンセンス時代を象徴する有名劇団へと急成長を遂げたのである。

また、カジノフォーリーは榎本健一以外にも、女優の望月優子（一九一七―七七）や清川虹子をも輩出していることでも、芸能史上、無視することはできない。

そんなカジノフォーリーは、第一次と第二次でメンバーが替っており、流れを整理すると以下のようになる。

カジノフォーリーの舞台の様子。昭和初期のエログロナンセンスの雰囲気が濃厚である。（『劇』1930年7月号）

一九二九（昭和四）年七〜九月　第一次カジノフォーリー
一九二九（昭和四）年十月〜一九三三（昭和八）年三月　第二次カジノフォーリー

レビューは時代の産物として、大衆に受け入れられていったものの、旗揚げ当時のカジノフォーリーには浅草オペラ時代からの名が通った人気俳優たちがほぼ不在だったため、目立たず、集客ができないまま、一九二九（昭和四）年九月、わずか数か月で解散するという経緯があった。

ところが、再びカジノフォーリーを再開しようとする動きがあり、第二次カジノフォーリーが旗揚げされたのが、一九二九（昭和四）年十月のことである。なお、『浅草紅団』でカジノフォーリーが取り上げられ、フィーバーしたのは、この第二次の時期である。

ケリーがカジノフォーリーに在籍していた時期は？

筆者は以前から、野口（ケリー）が「カジノフォーリーでエノケンと踊っていた」という記載については大きな関心があった。

しかし、あまりにもアバウトすぎるので、もしかしたら解明することはできないかも、という思いを抱きながら調査を進めたところ、手元にある資料で案外簡単にケリーの浅草時代と思われる芸名を発見することができた。

それは第一次カジノフォーリーが旗揚げされて間もない第四回公演（一九二九年八月二十五日〜）のプログラムで、ダンサーの石田守衛やまだ売れる前の榎本健一はいい役を振られているが、端役的な扱いを受けている俳優の名前の中に「野口精一」の名がある。

「カジノフォーリー」「エノケン」、そしてケリーの本名が「野口清一」という三つの点が合致することから、おそらく「野口精一」がケリーの浅草時代の芸名だと推測することができる。

しかし、この野口精一は浅草で大きな足跡を残すダンサーになることはなかった。野口精一の来歴とその後の足取りを調べるべく、関東大震災後に旗揚げした更生歌劇団、タカダ舞踊団、松旭斎天勝一座、そして第二次カジノフォーリー、プペ・ダンサント、ヤパン・モカル、ピエル・ブリアント、笑の王国など、浅草に出ていた一流どころの劇団を網羅的に調査してみたが、他に野口の名を見つけることはできなかった。したがって、野口精一が出演していたのは、第一次カジノフォーリーのみということになる。

当時、ダンサーとして浅草に出演するということは、まず浅草に抵抗がない人物であったということが挙げられる。浅草は日本一の娯楽街には違いはなかったが、芸人たちの中で浅草という場所はあくまでも低級な遊び場という認識が根深くあり、浅草に出演していた歌手やダンサーたちは「浅草系」「浅草の人」と言われ、格を重んじる芸能界で低く見られる傾向があった。

また「ケリーさんのタップダンスは本物で」とあり、野口はタップを得意としていたようであるが、野口が初舞台を踏んだであろう一九二〇年代は日本におけるタップダンスや社交ダンスなどの創世期であり、日本におけるバレエの歴史もまだ始まって約二十年を経た程度の揺籃期である。タップにしろ、バレエにしろ、日本では数少ない舞踊家たちのもとで学ぶしか、高レベルのテクニックを修得する術はなかった。もしケリーがタップダンサーとして花開いていたら、中川三郎、荻野幸久、稲葉実らのタップダンサーと並ぶタップのレジェンドとなっていたことだろう。

いずれにせよ、浅草のダンサーとしての野口精一については、今後も調査が必要といえる。

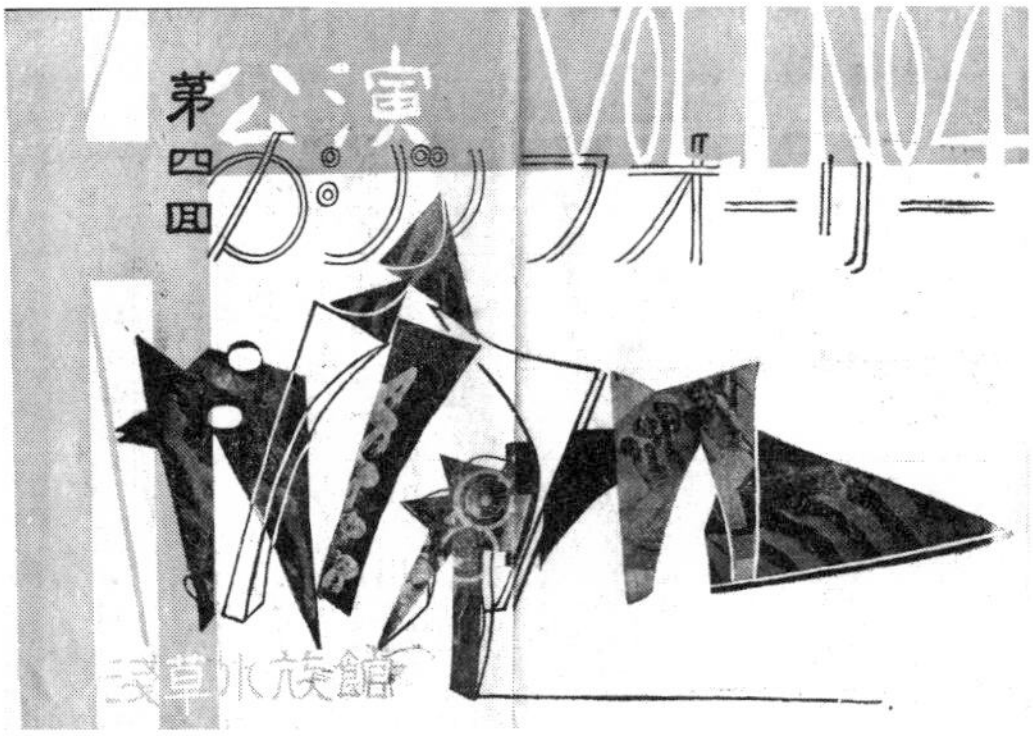

第12景　假裝舞踏會場

八田 利也	石田守衛
院地 喜太郎	榎本健一
客	林葉三
〃	高橋清
〃	高山久三
〃	中谷舜二
〃	野口精一

カジノフォーリー第4回公演のパンフレット。「野口精一」の名が確認できる。1929年

浅草で活躍したダンサーたち

浅草でのケリーは売れっ子ダンサーとなる以前に転業してしまったが、一九二〇～三〇年代の浅草は日本で一番のダンスの聖地でもあったのだ。

明治後期にオペラとともに根付いたダンスであったが、大正時代の浅草で花開き、昭和初期の浅草ではレビュー、ジャズダンス、タップなどのダンスが最盛期を迎えることになる。

この時代のダンサーとして浅草の舞台に

立っていた代表的人物として挙げられるのは、浅草オペラの高田雅夫、石井漠などの純然たるモダンダンサーのほか、宝塚やエノケン一座の振付師となった荒尾静一（一八九七―?）、宝塚の演出家となった宇津秀夫、東京大空襲で亡くなった間野玉三郎、またタップダンサーの中川三郎（一九一六―二〇〇三）も一九三六（昭和十一）年から浅草花月劇場の大きな看板として活躍した人物だ。さらに、終戦直後の満洲で二村定一や曾我廼家市蝶と舞台を共にし、後年は日劇の舞台で鳴らした益田隆も浅草の舞台を踏んだひとりである。益田は高田雅夫の弟子（澤マセロや二村定一となる）であり、戦前は水の江瀧子らとともに浅草の舞台を踏んでいた人物でもあった。

女性ダンサーとしては高田せい子、澤モリノ、河合澄子、堺千代子（一九〇五―五二）、梅園龍子（一九一五―九三）、ヴァジニア・ギッチェルなどはバレエからモダンダンス、ジャズダンスまで踊った多彩なダンサーであった。

浅草から日劇で活躍した益田隆。終戦後を代表するダンサーといえる。

ほかにも浅草時代は若手に過ぎなかったが、後年になって活躍したダンサーとして、戦後にコメディアンとして人気を集めた木戸新太郎（キドシン）、榎本健一一座や日劇の笠置シズ子公演の振付師を行っていた青山圭男（一九〇三―七六）、日劇のスターダンサーだった黒井隆などは、今や忘れられた昭和の名ダンサーである。

また三島由紀夫の友人であり、日劇や宝塚の振付師として一九八〇年代まで活躍した縣洋二（一九一九―二〇〇八）も戦前には松竹楽劇団のメンバーとして浅草国際劇場の舞台に立った経験がある人物だ。

なお、この時代の浅草でトップダンサーだったのが澤マセロであったが、おそらくケリーもマセロと接点があっただろうと推測できる。このように、浅草はダンサーたちの交差点でもあったことを記しておきたい。

11 芸能にあらわれた性別越境

芸能史をたどる中で、古来からの女形文化は脈々と生き続けてきたが、一般的に親しまれる芸能の中に性別越境の流れが生まれたのは、昭和戦後のことだろう。ことに現在では芸能界の最古参者となった美輪明宏の登場は大きなものであった。ここではまず序章として美輪明宏登場以前、そして美輪明宏から始まる芸能界と同性愛文化について解説したい。

序章　性を超越した一九三〇～四〇年代の芸能界

戦前の人気スターといえば誰を思い出すだろうか？

個人の見解や好みによって多少の違いはあるだろうが、資料の現存数などを鑑みて記すとすれば、男性なら長谷川一夫（一九〇八―八四）、女性なら水の江瀧子と言って、納得される方はたくさんいらっしゃることだろう。

戦前といえば軍国主義の中「男は男らしく、女は女らしく」と強いられたのは事実ではあると思うが、芸能界を代表する二大スターが「女を演じる男優」「男を演じる女優」であったことは、芸能史の中でも特筆すべき部分ではないか。また歌舞伎がより身近だった時代、六代目尾上梅幸（一八七〇―一九三四）、六代目尾上菊五郎（一

男装の麗人として一世を風靡した水の江瀧子。その人気ぶりは伝説となっている。1935年頃

八八五―一九四九）などは一時代を築いた女形であり、日本には三度来日した京劇の梅蘭芳、新派の初代喜多村緑郎（一八七一―一九六一）や花柳章太郎（一八九四―一九六五）は全国区の人気女形であった。

これは軍国主義が台頭してきた時代背景の中、異性との恋愛が憚られるようになってきたが、異性の装いをした同性を恋愛対象として捉えることは本人たちが抱く罪悪感が少なかっただけでなく、日本人が中性美を好む潜在的な部分も大きく作用しているのではないだろうか。

戦後になると美空ひばりが登場するが、十二歳のとき初めて主演した映画『悲しき口笛』では早くも男の子を演じ（中盤で女の子であることがわかるが）、今思えば性を超越した一面の芽生えを見い出すことができる。その後、かつて長谷川一夫が映画で演じた『雪之丞変化』をリメイクして、映画の中で江戸の闇太郎など男役を演じたほか、女性が女形を演じるという離れ業され見せつけた。さらに『弁天小僧』『お嬢吉三』『森の石松』などが美空ひばりの当たり役となり、男姿で歌った『柔』は戦後を代表するヒット曲となったのだから、美空ひばりと性の超越との関係性は深く、改めて記載したい部分でもある。

このように、美輪明宏が登場する以前にも、異性を演じる者たちが世の人気をさらっていった布石があったことは記しておきたい部分である。

やはり鮮烈だった丸山明宏の登場

戦後のゲイといえば、まだ会員制のゲイ親睦会などで交流を図ったり、閉鎖的なホモバー、夜の公園などで出会いを求めていた時代。そんな中での丸山明宏（現・美輪明宏）の登場は鮮烈であった。中性的な装いで、ステージにレコードにと活躍した丸山の存在が社会問題となったことは、当時の週刊誌など残された資料を確認していくだけで明らかである。

ここで改めて丸山明宏のプロフィールについて整理していくと、一九三五（昭和十）年長崎県出身。生家は丸山遊廓の中にあるカフェーであった。裕福な子ども時代を過ごしていたが、幼少期と戦時下が重なっていたこともあり、一九四五（昭和二十）年八月九日には長崎に投下された原爆に被爆。筆舌に尽くしがたい原爆体験を経たのち、一九五一（昭和二十六）年に上京。国立音楽高等学校の中退を経て、進駐軍のキャンプで歌手として舞台に立っていたという。当時、美輪を歌手として起用したことがあった元芸能プロダクション経営者から「美輪明宏も進駐軍の舞台に立ってたのよ。とても綺麗な男の子だった」と伺ったことがある。

この頃、銀座にあったバー・ブランスウィックでアルバイトをしていたことは別項で述べた通りで、一九五二（昭和二十七）年銀座のシャンソン喫茶「銀巴里」の専属歌手としてシャンソンを唄うようになったのが、レコード歌手となる大きなきっかけとなったのであろう。

そして一九五七（昭和三十二）年にコロムビアレコードの専属として『メケ・メケ』でデビューすると、シスターボーイと呼ばれ、脚光を浴びることとなった。

なお、当時のシスターボーイの特徴は薄化粧にマンボズボンを穿いたスタイル。語源のきっかけとなったのは一九五六（昭和三十一）年に公開されたアメリカ映画『お茶と同情』（日本公開は一九五七年）で、この映画に登場する心優しい青年トムが友人たちからシスターボーイと呼ばれていたことから、日本でも使用されるようになった。ちなみに、シスターボーイという言葉が流行すると「ブラザーガール」という対義語が生み出されている。

メケメケ族の登場

一九五七（昭和三十二）年、丸山明宏がシャンソン歌手としてレコードデビューし、デビューシングル『メケ・メケ』がヒットしたことによって、世間では「メケメケブーム」といわれるような、ちょっとした社会現象が巻き起こった。まず「メケメケ」という言葉がゲイを指す隠語として根付き、ゲイたちを「メケメケ族」と称するようになったことである。

　また、楽曲『メケ・メケ』のヒットにより、シャンソンがゲイに愛される音楽の代名詞となったことも大きな点といえる。そもそも丸山が歌った『メケ・メケ』は一九五四年に発表されたシャンソンのカヴァーで、折しも日本に到

『日本週報 ダイジェスト版』（1958年2月）では「メケメケ族の性態」特集が組まれている。

来していたシャンソンブームと時期が重なったことも、ヒットした要因であったと思われる。レコードデビューして間もない一九五七（昭和三十二）年九月には浅草国際劇場で『西部男とメケメケ』が上演されている。主演はウエスタン歌手で当時のアイドルであった小坂一也（一九三五―九七）、グラマースターとして売り出していた泉京子（一九三七―）、そしてシスターボーイの丸山明宏であるが、当時の新聞をみると散々な書かれようで、現在との価値観の違いを痛感せざるを得ない。

見出しには「不潔な女装」とあり、本文には

「丸山は女装で『目をとじて』を歌うが、こういう不潔なものは早くやめるべきである。」
（「読売新聞」一九五七年九月十三日）

とある。丸山（美輪明宏）の存在が性別を超越した存在として捉える傾向が強い現代において、丸山のことを不潔とばっさり斬ることについて違和感を感じる読者は少なくないだろう。記者の独断と偏見が含まれているにせよ、これが当時の一般人の本音であったのは事実といえるのではないだろうか。

続いて、このメケメケブームに乗って日劇ミュージックホールでは一九五七（昭和三十二）年十月にアメリカから女装家のキャロル・ウォーレスを招聘してショウを上演し、そして同年十一月には『メケメケよろめけ』（構成演出・岡田恵吉、加藤忠松）を上演するに至っている。この舞台の革新的なところは、芸能人ではないゲイたち二十人が、ヌードダンサーたちとともに舞台に立ったところであった。特に日劇からほど近い銀座界隈のゲイバーにつとめるゲイバーの店子やママたちが召集されており、出演者全員で『東京音頭』を踊ったようだ。ここに出演した吉野ママこと吉野寿雄氏はステージで『バラ色の人生』と『ベサメ・ムーチョ』を

日劇ミュージックホール『メケメケよろめけ』（1957年11月上演）の舞台の様子。銀座のゲイボーイたちが舞台に立った。（『日本週報 ダイジェスト版』1958年2月号より）

唄ったことを筆者に証言してくださった。当時の舞台写真をみると青江のママこと青江忠一は日本髪に和装、そのほか着流しに落下傘スカートなど、とにかく派手な舞台だったことが伝わってくる。これらのゲイボーイとともに特別出演したコメディアンの泉和助（一九一九―七〇）は、元浅草芸人であり本書では同性愛を公表した芸能人第一号として取り上げた三村定一の弟子だったこともある人物である。

なお、この公演には谷崎潤一郎（一八八六―一九六五）が訪れていることも知られており、当時の新聞には

「シスターボーイを売り物にするとは世も末世である」（読売新聞一九五七年十一月二十二日）

と記者によって記載されている。

日本で初めてゲイバーを舞台にした映画

筆者が見てきた映画の中で、オネエキャラが登場する最古の映画は、元宝塚歌劇団のトップスターだった越路吹雪が主演したコメディ『足にさわった女』（一九五二年）年であった。なんとオネエを演じるのは、落ち着いた父親役を演じさせたら右に出る者がいない名優・山村聰（一九一〇―二〇〇〇）なので、しなをつくった彼の姿を観た時は衝撃的でもあった。

このように脇役にオネエキャラが登場する映画の本数に関しては、一体何本くらいあるのか全貌をつかむことはできないし、筆者が見てきた中での最古のオネエキャラ登場映画が『足にさわった女』だけであって、筆者が見ていない作品や忘れているものの中に、オネエキャラが登場するさらに古い映画があるかもしれない。

そこで調査してみると、ゲイバーを舞台にした映画が初公開されたのは一九五八（昭和三十三）年一月のことで、その映画の名は日活が製作した喜劇映画『東京野郎と女ども』（吉村廉監督）であった。撮影はメケメケブームの最中であった一九五七（昭和三十二）年に行われており、なんと原作はプロデビュー間もないイラストレーターの針すなおである。

主演のゲイボーイ役を演じたのは二〇二二年現在でも現役のジャズ歌手として活動する柳沢真一（柳澤愼一）氏で、ほかに大泉滉（一九二五―一九八）、岡田真澄（一九三五―二〇〇六）、内海突破（一九一五―六八）、柳家金語楼（一九〇一―七二）、森川信（一九一二―七二）、清川虹子、そして舶来のゲイボーイ役で丸山明宏が特別出演する豪華な作品である。

あらすじは、大学を中退した真ちゃん（柳沢真一）がひょんなことからゲイバーにゲイボーイを斡旋する紹介所に登録されてしまい、ゲイボーイとして仕立てられてしまうことから始まる。真ちゃんが勤めるのは銀座のゲイバー・ローザで、その店内で欲望むき出しの男女が繰り広げる風刺喜劇であった。

日本初のゲイバー映画『東京野郎と女ども』。オーディションで選ばれた本物のゲイボーイたちが出演した。

映画を制作するに当たり、日活では映画に出演したいゲイボーイを募集したところ四十七人の応募があり、本作には出演していないと思われるが同時期に日活撮影所で仕事をしていた小沢昭一は

「とにかく東京中のオカマをほとんど集めて出演させたという、これは不思議な映画であった。日活の撮影所は、毎日、朝から晩までオカマでいっぱいである。」
（『私は河原乞食考』）

と書き残している。

ゲイ映画として知られている一九六九（昭和四十四）年公開の『薔薇の葬列』（松本俊夫監督）よりも十一年前に、ゲイバーを舞台にした喜劇映画が封切られていたことはとても興味深いところである。

男子同性愛者が彩った歌謡曲の世界

日本において女装や中性的な装いをして歌った男子

同性愛者のレコード歌手の元祖は丸山明宏であることは、広く知られた事実である。

通常レコード業界ではセンセーションを巻き起こした歌手が登場すると、柳の下のドジョウを狙って、各社から類似歌手が続々と登場するものであるが（例えば、美空ひばりが十二歳でレコードデビューすると、続々と歌謡曲を唄う少女歌手が登場したように）、さすがにメジャーなレコード会社からのシスターボーイ歌手は丸山以外には見られない。それほどにシスターボーイの歌手は前代未聞であったし、丸山の存在が異端だったことがわかる。

しかし、丸山が一九六五（昭和四十）年に『ヨイトマケの唄』を大ヒットさせたことで知名度が全国区となり、またゲイバーやゲイボーイの存在が次第に認知され始めたという風潮の中で、続々と女装をしてレコードデビューするゲイボーイたちが相次いだ。

丸山に続いて登場して来たＬＧＢＴのレコード歌手は、カルーセル麻紀（一九四二―）とピーター（一九五二―）、そしてマイナーレーベルに数枚の録音を残したヘレン南などである。

また、一九七一（昭和四十六）年にはコロムビアレコードより、むらさきうさぎが『若衆さん／こんな女になりました』でデビューをしている。むらさきうさぎは、映画『薔薇の葬列』でピーターと敵対するゲイバーのママ・レダ役を演じたゲイバーのママで、映画のキャストには小笠原修の名でクレジットされている。

私はかなり昔からむらさきうさぎの名を知っていたが、それは美空ひばりが寵愛したゲイボーイであったということと、芸能界でもかなり広く知られた存在であったためである。元々はゲイバー「うさぎ」のママだったが、後に店名を「むらさき」に改名。ひばりが主演した記録映画『ひばりのすべて』（一九七一年）にも、ひばりがうさぎの店に遊びに行くシーンが収録されている。

さらに、デビュー盤のＢ面『こんな女になりました』の作曲がひばりの弟・かとう哲也であり、かとう哲也がひばり以外の歌手に楽曲を提供したのはかなり稀なケースである。いかにひばりと親密な関係だったかがわかる。

このデビュー盤はヒットするには至らなかったが、むらさきうさぎは一九七二（昭和四十七）年十月に役者に転身。二代目中村雪之丞と改名し、ビクターよりLP『中村雪之丞の世界』をリリース。近年まで舞台俳優として活動を行っており、二〇二二（令和四）年現在も元気でおられる。

寺山修司の天井桟敷レコードで製作したLP『薔薇門』。1970年代初頭のゲイの様子を知ることができる貴重な音源である

寺山修司が制作したアルバム『薔薇門』

この『薔薇門』は一九七二（昭和四十七）年、寺山修司（一九三五—八三）と東郷健（一九三二—二〇一二）の共同企画によって製作されたアルバムで、寺山を取り巻くJ・Aシーザー（一九四八—）やクニ河内（一九四〇—）らによって楽曲が製作されており、その楽曲の音楽性はかなり高いものとなっている。そのため、本LPはアングラやサブカル音楽を愛好する者たちにとっては伝説的な存在となっていて、今も注目度は高い。

この『薔薇門』は近年CDで復刻されていることから容易に聴くことができる。このCDの解説書には「もしかするとこれらの何人かは俳優がゲイを演じているのか？」

と推測されているが、本LPに参加している俳優の山谷初男（一九三三―二〇一九）ほか、J・Aシーザー、森崎偏陸ら数人の劇団・天井桟敷関係者以外、東郷健をはじめほぼ全員がゲイバーに勤務するゲイボーイやママたちである。ことに東郷健は一九七一（昭和四十六）年に参議院議員選挙に立候補し、全国的に名を知られる存在となった頃であった。これだけのゲイボーイたちが集まって製作されたアルバムは前代未聞であり、その後同様のコンセプトで製作された音楽アルバムの例は見られないのではないか。

このLPに添えられているゲイ・パワー新聞「ゲイ・リボルーション」の創刊号には、新宿二丁目の「タジオ」「路」、四谷の「白亭」、浅草の「ヘラクレス」「サパークラブ　スフィンクス」「金魚」「みちのく」などのほか、創刊されたばかりの『薔薇族』の広告が掲載されており、また協力として新宿二丁目にあった「クラウン」の名もみられるので、当時のゲイバーの名店を派手に巻き込んで製作されたLPだったことがわかる。

ちなみに浅草「ヘラクレス」は性転換ダンサーの銀座ローズが経営していたホストクラブで、また「クラウン」は新宿二丁目にあり（当初はビルの一階で営業していたが、後に地下の店へ移転）、ゲイボーイたちによるフロアショウが見もののゲイバーであった。雇われママだったショーちゃんは当時コメディアンとして人気絶頂だった牧伸二（一九三四―二〇一三）のヘアメイクを担当した後にゲイバーを開業。店の名物はダンサーの岩井千之丞で、中には某劇団のダンスチーム出身のダンサーもいたそうだ。彼らは歌謡曲の当て振りを演じて見せ、大変な人気者だったのだという（岩井は若くして脳溢血で亡くなったそうだ）。クラウンは新宿二丁目で盛業後、歌舞伎町に移転してゲイバー「狸御殿」を開業したと聞く。

ここに、このLPに参加したゲイボーイたちについて記録しておくと、『薔薇の刺青』を歌唱しているジーナは銀座で最も有名だったシャンソン喫茶・銀巴里にも出演したシャンソン歌手であった。おそらく一九五〇年代後半に女装歌手としてメディアに取り上げられているジーナ敏江と同一人物だろう。

銀座ローズが歌った『女の運命』のレコード。

また、映画『薔薇の葬列』に出演し、本レコードに収録された『白波五人男』の中で「風の噂も赤坂のラストチャンスの大姐御、その名も高き踊り手で……」……との口上を残しているフラメンコ梅路は、当時のゲイの世界ではフラメンコダンサーとして知られた人物で、赤坂のゲイバー・ラストチャンスのママであった。フラメンコ梅路もかつてはショウビジネスの世界で経験を積んだ人物であったのだろうと思われる。このフラメンコ梅路が経営する赤坂ラストチャンスからは、潤子とますみが録音に参加している。

そして『転落詩集』『健さん愛してる』を唄う明日香は六本木・和蘭陀屋敷のママで、『健さん愛してる』は映画『書を捨てよ街へ出よう』の中でも歌われ、今でも若いアーティストがカバーしている名曲である。健さんとは、高倉健（一九三一―二〇一四）のことである。

そしてゲイボーイたちが歌舞伎の『白波五人男』のパロディを演じているのも、本LPの聴きどころのひとつで、まず登場するたぬこはショウ集団・スーパーカンパニーのダンサー、ヤッちゃんは新宿にあった松喜鮨に勤務する寿司職人、シゲは渋谷のゲイバー・プロチダ、みやこは日本一のゲイバーとして名高かった銀座・やなぎに勤務するゲイボーイ、そしてフラメンコ梅路という顔触れである。

本アルバムはゲイボーイたちがゲイバーで繰り広げるような猥雑な会話や音楽が盛りだくさんである一方、東郷健による『おかまの政治演説』、森崎偏陸による『性解放宣言』、J・Aシーザーによる『君は答えよ』など、ゲイを中心としたマイノリティの解放を叫ぶ強いメッセージ性が含まれているところも、本アルバムのポイントである。多少過激な文句が並ぶが、まだ「隠花植物」と呼ばれた当時のゲイたちの弱い立場からどう脱却すべきなのか？という叫びが受け取れるし、このアルバムが発売された頃よりＬＧＢＴへの理解や認知度が深まったとされる現代日本であっても、やはりカミングアウトへの壁は高く異性愛者のように生きることは難しい。そこで『君は答えよ』の歌詞にある「君は答えよ、世界の終わりが明日でも、君の生き方が自由だったと本当に言いきれるか」という問いには、今も胸を打たれる者は多くいることだろう。

昭和五十年代になるとニューハーフ歌手が登場し、時代が変わったことを感じさせたが、これ以後のＬＧＢＴ歌手に関してはまた別の機会に譲りたいと思う。

12　日本初の会員制ゲイ雑誌『ＡＤＯＮＩＳ』を読み解く

私は古本マニアであるため、以前から日本初の会員制ゲイ雑誌としての『ＡＤＯＮＩＳ』の存在は知っていた。古本マニアだけでなく、ゲイ界隈やサブカル界隈に詳しい人であれば、一度は『ＡＤＯＮＩＳ』の名を聞いたことがある人は多くいるだろう。ただし、なにしろ会員が限られたアドニス会でのみ頒布された非売品、また刊行された期間が僅か十年程度であるため、現存数が少ない。

そこで、ここでは『ＡＤＯＮＩＳ』がどんな雑誌だったのか、また、どのようなものが読み取れるのか紐解いていきたいと思う。

『ADONIS』とは？

日本初のゲイ雑誌といわれる『ＡＤＯＮＩＳ』は、一九五二（昭和二十七）年に創刊され、一九六二（昭和三十七）年六三号まで刊行された、会員制のミニコミ誌である。

一九五二（昭和二十七）年といえば、サンフランシスコ講和条約が締結した翌年、まだ戦争の傷跡が生々しい時代である。「アドニス会」が発足し、『ＡＤＯＮＩＳ』が刊行されたのは偶然ではないだろう。表現の自由

日本初のゲイ雑誌『ADONIS』3号（1952年）

が解き放たれた時代の産物といえよう。

初代編集長は戦後を代表する性科学雑誌『人間探究』の編集長であった上月竜之介。雑誌の大きさは菊判、ページ数は大体三二～四四ページ程度の冊子である。しかしガリ版などではなく、活字が使用されているうえ、図版も挿入されているので、当時のミニコミ誌としては一応の体裁が整ったものといえる。『ＡＤＯＮＩＳ』三号によれば、毎月二十五日に刊行される旨、住所が東京都杉並区馬橋にあった探究社内となっている。

また、一九五九（昭和三十四）年に刊行された四七号には、全会員の年齢や趣味など諸々の情報が記載された「会員紹介総覧」が掲載されており、会員番号三六一までが確認できる。退会した欠番を省いて百四十三人が会員として在籍したようである。

会員の年齢は十八歳から六十歳までで、意外と年齢層は広く、平均年齢は約三十三歳。一九五九年に平均年齢三十三歳といえば、平均の生誕年は一九二六（大正十五）年生まれ前後ということになり、最高齢六十歳といえば、一八九九（明治三十二）年生まれであるから、時代を感じずにはおれない。

このようにみると平均年齢も偏っていないので、当時のゲイは一体どこで『ＡＤＯＮＩＳ』誌の存在を知ったのだろうか。創刊時は『人間探究』に案内が添えられていたというが、あくまでも会員制で、しかも今のように情報網が発達しておらず、ゲイについての理解が低い時代。会員の住所を見る限りでは、都市部のみならず、北海道から沖縄まで、まんべんないのがアドニス会の特徴といえる。

また、会員の学歴を見てみると、大学卒業者、旧制中学の卒業者の割合が高く、中には現役大学生も在籍し

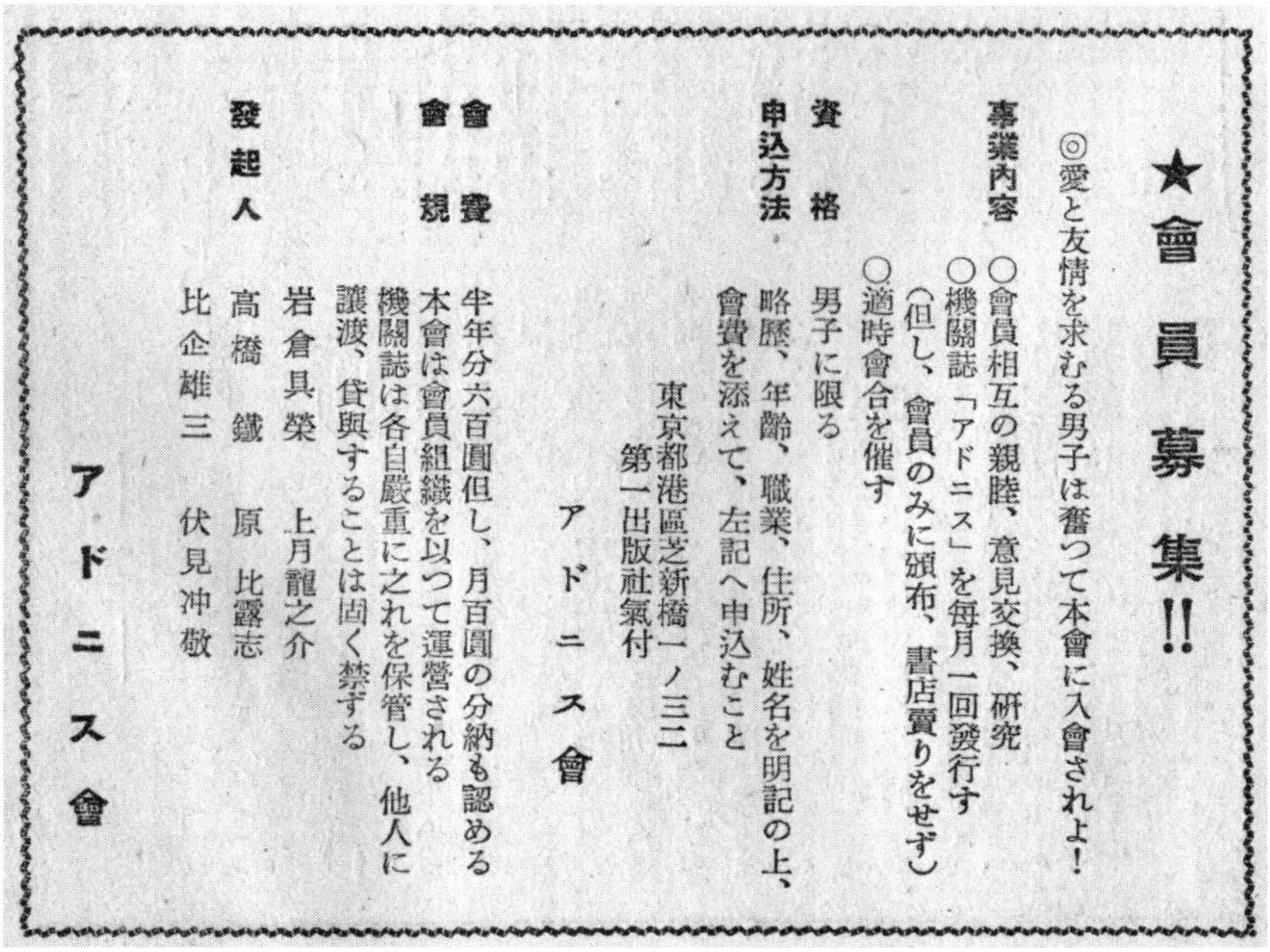

★會員募集!!

◎愛と友情を求むる男子は奮つて本會に入會されよ！

事業内容　○會員相互の親睦、意見交換、研究
○機關誌「アドニス」を毎月一回發行す
（但し、會員のみに頒布、書店賣りをせず）
○適時會合を催す

資格　男子に限る

申込方法　略歴、年齢、職業、住所、姓名を明記の上、會費を添えて、左記へ申込むこと

東京都港區芝新橋一ノ三二
第一出版社氣付
アドニス會

會費　半年分六百圓但し、月百圓の分納も認める

會規　本會は會員組織を以つて運營される
機關誌は各自嚴重に之れを保管し、他人に讓渡、貸與することは固く禁ずる

發起人　岩倉具榮　上月龍之介
高橋鐵　原比露志
比企雄三　伏見冲敬

アドニス會

『人間探究』（1952年7月号）に掲載されたアドニス会の案内。

ている。これは、貧富の差が激しく、進学率が低かった時代としては、驚くべき高学歴ともいえる。もちろん、当時のゲイ全体が高学歴ということではなく、『ＡＤＯＮＩＳ』の購読者層が高学歴だったという認識で間違いはないだろう。

そして、職業欄を確認してみると、会社員、公務員、そして教師の割合が高い。少数派ではあるが、医師や芸能関係、デザイナーなどの記載もみることができる。

この会員紹介欄で驚くべき情報は、独身か既婚かの記載がされているところである。全会員百四十三人のうち（中には記載がなされていない人もいるが）、なんと「既婚」と記載した人が五十二人もいるのである。今でいう「既婚ゲイ」の確率の高さは、いかに同性愛者なのに世間体を慮って結婚を強いられた時代だったかの裏付けともいえるのではないだろうか。

『ADONIS』に寄稿した作家たち

ここまで会員の情報について記載してきたが、アドニス会には大物作家たちも参加（または寄稿）していたことが判明している。

その大物作家というのは三島由紀夫、原比露志、稲垣足穂、塚本邦雄（一九二〇―二〇〇五）、中井英夫（一九二二―九三）らである。ちなみに四七号（一九五九年）掲載の「会員紹介総覧」を見る限りでは、職業を「作家」と書いていた会員はおらず、「経営者」としてカモフラージュして参加していたのかもわからないが、「会員紹介総覧」で彼らを特定することはできない。

作家の中でも、すでに売れっ子であった三島由紀夫が参加していたということは大きな意味を持つだろう。三島由紀夫は一九二四（大正十三）年生まれ、東京出身。『仮面の告白』『禁色』など、自らの性癖を描いた私小説的作品は、世間にも、同じくゲイだった人々にも衝撃を与えた。

そんな三島由紀夫と「アドニス会」の関わりについては不明な点が多いが、『ＡＰＯＬＬＯ』に榊山保の名義での小説『愛の処刑』の寄稿が確認されている。これは、三島由紀夫の遺品の中に原稿が現存していたことから判明したそうで、『ＡＤＯＮＩＳ』本誌への寄稿はないとされている。

そして三島の寄稿とともに日本文学史の中でも大きな意味を持つのが、日本三大奇書のひとつといわれる中井英夫の探偵小説『虚無への供物』の初出が『ＡＤＯＮＩＳ』であることだろう。一九五五（昭和三十）年中井は連載として『虚無への供物』を碧川潭の名義で寄稿、会員たちから好評だったことから本誌への掲載ではなく別冊化し、本誌に添えて会員に配布されたようだ。ちなみに、別冊化した冊子は中井の自費によるものだったと本人が『ＡＤＯＮＩＳ』に寄稿している。その後加筆し、講談社より単行本化されたのは一九六四

（昭和三十九）年のことである。

そして原比露志も当時としては知名度の高い性風俗評論家であり、その道では高橋鐵（一九〇七―七一）、矢野目源一（一八九六―一九七〇）らと並ぶレジェンド的存在である。すでに昭和初期には『寝室の美学』『続寝室の美学』（風俗資料刊行会）などの著書を出版しており、『ＡＤＯＮＩＳ』の親雑誌ともいえる『人間探究』の常連の執筆者である。おそらくアドニス会の首脳陣と思われ、実名での性体験記を寄稿している。

稲垣足穂も言わずと知れた『ヰタ・マキニカリス』（一九四八年）、『少年愛の美学』（一九六八年）などの作品で有名な作家である。

また、男色史の決定版『本朝男色考』の著者である岩田準一の寄稿も確認することができる。

『ADONIS』の内容について

日本初の会員制ゲイ雑誌である『ＡＤＯＮＩＳ』は歴史的には有名であるが、今や古書市場に出回ることも少なく、気軽に読むことができない。伝説になっている『ＡＤＯＮＩＳ』の内容はどのようなものなのかというと、そのほとんどが会員による手記である。

三号の目次をここに掲げてみよう。

天才と同性愛……伏見冲敬
ローマ皇帝と同性愛……岩倉具栄
オカリナを吹く少年〜村山槐多のこと〜……原比露志

小説「禁色」の周辺……田中純夫
ある同性愛者の疑問……比企雄三
男色十寸鏡（3）
ジュネの「泥棒日記」……秋野洌
FORUM
お兄さんの日記……Y・K生

このように、創刊当時は著名人らによる読み物が掲載されており、会員の手記は「お兄さんの日記」のみである。なお「FORUM」は通信欄で、三二ページ中、六ページをこの通信欄に割いているのが特徴的といえる。この通信欄には簡単な体験手記のほか、前号の感想など思い思いの文章が綴られているが、同人誌にありがちな文通希望欄はなく、本格的な出会いの場ではなかったようである。この通信欄については、のちほど触れてみたいと思う。
また『ADONIS』の中期といえる三六号（一九五七年）の目次も見てみよう。

つけ髭……稲垣足穂
天体嗜好症について……寺師弘
二人の誘惑者……松田豊
FORUM
鍵の中……谷沢雅巳

哀史……村上義雄
潮……水田みのる
夏祭……池田隆嗣
短歌……水原契一

というものである。この号では作家・稲垣足穂の短編小説が寄稿されているが、有名作家が実名で『ＡＤＯＮＩＳ』誌に寄稿している稀な例といえる。

また、初期のように著名人による読み物は少なくなり、内容の大半が性体験を描写した短編小説で埋め尽くされているのも、一つの変化であろう。

それは創刊当初は『人間探究』にならって文芸雑誌、性科学雑誌の体をなしていたが、編集長の交代による方向性の転換、また会員の要望を汲んでいくうちに、次第に露骨な性描写がなされるようになっていったのだろうか。しかし、性描写といっても、どこかロマンチックで美しい文章が、いかにも美意識の高いゲイたちが筆をとったのだろうなと思わせるものばかりである。

そして、もうひとつ気になるのが図版で、修正がなされていない男性の裸体写真が掲げられている。これらの写真の大部分を撮影したのは円谷順一とされているものの、誌内には撮影者の記名はなされていない。

さらに「ＦＯＲＵＭ」欄を見ると、

「口絵や所々にあるヌード写真なんかを余り藝術的にこだわらず男性象徴物を大胆にハッキリと映し出して欲しい」（四号）

「一一号の筋骨逞しい青年の裸像――しかもこれがファロスと来ているので、思わず全員ゴクリと唾をのみこんだことと思います」(一五号)

「写真をもっと取り入れたらいいと思います」(一二三号)

など、裸体写真に関する投稿が思いのほか多い。

また後年のゲイ雑誌は、その雑誌によって美少年、洋もの、またはデブ専、老け専など、それぞれカラーがあり、自分のフェチに合致するものを読者は購読したわけであるが、『ADONIS』誌はまだその点に関しては確立されていないようである。掲載された図版をみると、細身の青年から筋肉が隆々とした外国人などが見られる程度で、せいぜい男同士で肩を組んでいるくらいである。さすがに、近年のゲイ雑誌のように男同士の性行為中の写真は掲載されていない。

時代の産物「軍隊もの」

『ADONIS』のページの大部分が会員の手記であることは記載したが、そこで特に時代を感じさせるのは軍隊ものの手記である。

軍隊ものといえば、上官と兵隊の関係、軍装品の描写、壮絶な背景の中にある甘美な世界……一九五二(昭和二十七)年の創刊当時といえば、まだ戦後七年。ほとんどの人が戦争による心身の傷を抱えていたはずで、購読者の平均生誕年が一九二六(大正十五)年頃というと、健康な男子の多くが軍隊経験者である。また軍隊生活は送っておらずとも、少年時代に空襲や疎開などの壮絶体験をした者など、当時のアドニス会員のほぼ全員に戦争体験があっただろう。

創作ではなく、体験手記の背景に戦争が織り込まれたものとしては、一九五二（昭和二十七）年刊行の三号から数号にかけて掲載された「お兄さんの日記」（Ｙ・Ｋ生）は東京大空襲下での体験記、五・六合併号（一九五三年）の「南十字星」（夢紅ひかる）は、今でもミリタリー好きに受け入れられそうな南方戦線での少尉と兵士の愛を描いたＢＬである。最後は軍隊内で二人の関係が知られてしまい、少尉は違う部隊へと移転することになり、離別前、涙ながらに逢引きするシーンで終わる。

「きびしい軍律が、冷たい運命が僕達二人の肉体だけは離し得たとしても、こんなに固く結ばれた心と心をどうして離す事が出来るんだ。どんなに遠く離れていても、きっと君は僕のもの、又僕は君のもの、わかったね」そう言い乍ら黒い瞳から静かにひとすじ涙の糸が流れていた。泣いていらっしゃる。この事は泣くまいとする私をよけい悲しませ又すゝりあげた私を今度はもう何も仰言らないでやさしく抱き寄せて下さった。あの夜の愛撫の激しさ……私は北原少尉に抱かれたまゝ涙の中に眺めた遠くの椰子の木蔭から感傷的に詩の様に輝いていた南十字星の美しさを、悲しい愛撫の苦しい迄の激しさを、そうして別離の身をきられる様な悲しさを、人の宿命の哀れさを、一生忘れる事はできないであろう。瞳をとじると今でもはっきり浮かぶ、北原少尉の面影が、南十字星が……

と、このように締めくくられている。

他の軍隊ものも同じで、大体最後は二人の別れが待っているのが、軍隊ものＢＬの定型ということができる。

一五号（一九五四年）に掲載された「欲情の季節」は、街で出会った兵士と少年の恋愛を描いたもので、戦線へと赴く時に形見として褌を受け取り、その後、中国から便りがきたものの、今は行方不明と締めくくられている。

また衝撃的なものとしては二二号（一九五五年）に掲載された「海行かば」が挙げられる。これは、かなり知名度の高い故・陸軍少佐の恋人による手記で、名前はイニシャルで記載されているものの、明らかに誰であるのかが特定できる内容である。

そして二六号（一九五五年）掲載の「明日なき命」、二七号（一九五五年）の「陸軍病院」あたりを最後に、軍隊ものの投稿はなくなっている。もちろん、その後も時代背景として戦争が描かれていることはあるが、筆者が確認できた中では戦争が主題になっているものは掲載されていないようである。

これは戦後十年が経過し、翌一九五六（昭和三十一）年の『経済白書』に「もはや戦後ではない」と記載されたように、多くの人々の心の中で戦争が過去のこととなりつつあった時期であり、また世代交代、軍隊経験がない世代が書き手の中心となった証拠といえるだろう。また軍隊もの、戦争ものは時代遅れとして、一部のファンを除いて歓迎されなかったのかもしれない。

どうも軍隊ものは感傷的な幕切れが多いが、生と死が隣り合わせの戦争ものだからこその甘美な世界、実際に戦争によって引き裂かれた愛の世界が多数存在したのだろう。

また一〇号（一九五三年）には戦後の産物ともいえる「米軍宿舎にて」という手記も掲載されている。

余談ではあるが、昭和二十年代には『ＡＤＯＮＩＳ』以外のゲイ雑誌にも軍隊ものの手記が掲載されており、特に印象的だったのが竜陽クラブが発行していた『ＭＡＮ』二号（一九五四年）に掲載されている「眠られぬ夜に」という手記であった。

ここでは学生時代のゲイ体験から満洲に渡った会社員時代のこと、そして軍隊時代のことが記載されているが、『ＡＤＯＮＩＳ』誌のものよりも生々しい場面が描かれている。例えば、終戦時にソ連軍に司令部を引き渡す数日の間に、少年雇員とトーチカで男色行為をしたこと。また、極寒の地で満足な食糧もなく極限だったと言い伝えられているシベリアでの抑留生活の中での男色行為については、筆者も目から鱗であった。少し引用してみると

「シベリヤの俘虜生活に入ってからは、十七、八人の同性と交渉をもった。（略）空腹で困っているのにつけこんで、一片のパンをくれたり一杯のスープをくれたり時々話込みに来ては、いつか僕の寝台に泊まりこんで、狭い所に抱き合って寝たりしているうちに、彼らの思うままになってしまった。（略）作業のおわった夜のひとときをそこでもここでも、小さな寝台の上で、性の饗宴がおこなわれた」

とある。

このような事実は今まで公に語られたことはなかっただろう、ミニコミ誌ならではの告白ではないだろうか。

『ADONIS』の終焉

そして、このようにゲイの歴史の中で大きな意味を持った『ＡＤＯＮＩＳ』であるが、一九六二（昭和三十七）年春に刊行された六三号で終焉を迎えることになる。

廃刊のきっかけは警視庁による取り締まりで、伏見憲明『ゲイという［経験］』によれば、以前から警視庁

からマークされていたことを関係者たちは感じていたようだ。また「ライバルのミニコミ誌がタレ込んだのがきっかけだったと噂された」ともある。

後述しているが、大阪の同好趣味の会が発行していた『同好』も警察による手入れの対象となっており（こちらは廃刊せず、刊行を続けた）、この検挙の時期が一九六二（昭和三十七）年春と『ADONIS』とほぼ同時だったことから、芋づる式にゲイの会員制雑誌が検挙されたと考えられる。

『ADONIS』以外の会員制ゲイ雑誌

日本で初めての会員制ゲイ雑誌といわれている『ADONIS』が一九五二年に創刊されたのに続いて、いくつかの会員制雑誌が相次いで創刊している。

これは私の手元にある資料で確認できる範囲になってしまうが、『ADONIS』に次いで古いものが一九五四（昭和二十九）年に創刊されているガリ版刷りの『MAN』である。この『MAN』は新宿に事務所を置く竜陽クラブの同人雑誌で、かびやかずひこが主に一人で切り盛りしていた会だったようだ。

かびやかずひこが主宰した竜陽クラブの『MAN』2号（1954年）。

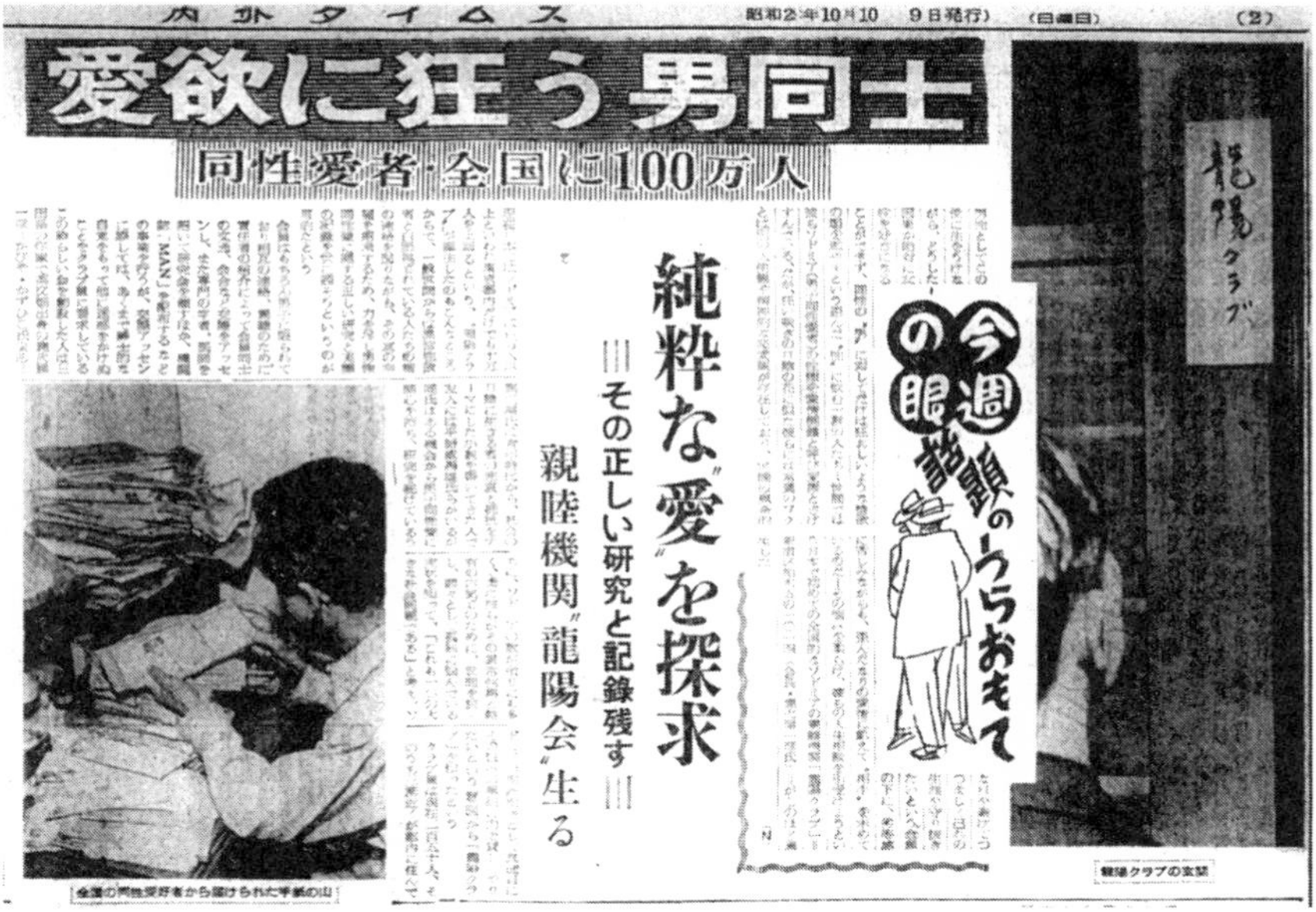
内外タイムス

愛欲に狂う男同士

同性愛者・全国に100万人

純粋な"愛"を探求

その正しい研究と記録残す

親睦機関"龍陽会"生る

今週の眼 話題のうらおもて

全国の同性愛好者から届けられた手紙の山

龍陽クラブの玄関

『内外タイムス』（1954年10月10日）に掲載された竜陽クラブの紹介記事。

かびやかずひこについて

ここで、かびやかずひこに少し触れてみたい。

かびやに関しては伏見憲明『ゲイという［経験］』に詳しいが、ここに改めて記すと、かびやは一九〇二（明治三十五）年生まれ。この珍しい名前は本名だそうで、かびやのことを「三田系の作家で英文畑出身」（「内外タイムス」一九五四年十月十日）と紹介している記事もある。戦前から性教育運動に取り組み、性ジャーナリストだった秋山尚男が主宰していた雑誌に「性教育読本」を連載し、日本における性研究の先駆者であった性科学者・澤田順次郎（一八六三―一九四四）の後輩でもあったらしい。一九四〇～一九七〇年代には積極的に性に関する記事を扱い『エロスの祭典』（コギト社、一九四七年）のほか、『夜の異端者』（南旺社、一九六〇年）はゲイについて取り上げた著書となっている。

当時の同性愛を扱う主な性風俗雑誌のほとんどに寄稿しているという活発な動きがみられ、ゲイのみなら

かびやかずひこ（左）と「夜曲」のマスター。『風俗草紙』（1953年12月号）に掲載された「そどみあ大座談会」より

ず、レズやロリコンについての記事も残しており、ゲイに限定した研究家というよりも同性愛全般に造詣が深い、今の言葉で言えばＬＧＢＴ評論家の先駆者であったといえる。しかし、彼はそれまでの高橋鐵らが取り組んだ「ゲイは治癒するのか？」のような医学的な記事だけではなく、ゲイのリアルな生態について数多く書き残しており、一九五三（昭和二十八）年には『同性愛技法に就いての一考察 HOMOSEXUALTAT TECHNIK』（日本特集出版社）という書籍を出版したと思われる形跡があり、一九六四（昭和三十九）年に創刊された会員制ゲイ雑誌『薔薇』には「ホモにおける愛の技巧の知恵」も連載している。一九五四（昭和二十九）年に刊行された『風俗草紙臨時増刊　現代讀本』を紐解いてみると「そどみあ交際術」という記事が掲載されており、「同志をみわけるには」「キッカケのテクニック」「寝室の心得」などの小見出しが並んでいるのが興味深い。ことに「キッカケのテクニック」には

「未知の好みの相手に親近するためのキッカケの一つに、眼を送る方法がある。いうまでもなく、ものいう眼を相手に通わせるのだ。それはもちろん、娼婦が客にするような、いやらしい秋波であってはいけない。好意と情熱とをもつた眼で、睨みすえるように相手を凝視するのである。」

「男性が街頭などで未知の異性へモーションづける場合は、他目にも目にたちやすいものだが、これが同

性同士ならば、他人も気にとめないから、大膽に明快に行つて、すこしもさしつかえない。もたもたした遠慮は禁物と知るべし」

と記載されており、この記事を読んで実行したゲイもいたことだろう。

これは後年に刊行される『ホモテクニック　男と男の性生活』や『男同士のＳＥＸマニュアル』など、ゲイＳＥＸの指南書の先駆といえる書籍や記事といえる。

ほかにも手元にある資料から、ランダムにかびやが書いた記事のタイトルを羅列すると、「あるソドミアとの会見」（『ＡＤＯＮＩＳ』一九五二年十二月）、「十代の少年同性愛」（『風俗科学』一九五四年四月）、「同性愛における父性愛慕型」（『あまとりあ』一九五五年三月）、「男色喫茶店」（『風俗草紙』一九五三年七月）、「サッフォーと彼女をめぐる女たち」（『風俗奇譚』一九六五年一月）、「童姦についての一考察」（『風俗科学』一九五三年十二月）などがある。ほかにも『ＡＤＯＮＩＳ』にはホモ小説も連載しているが、これらはほんの一部に過ぎず、彼が執筆した同性愛に関する記事は膨大な数である。

かびやは妻帯者であったが、『風俗科学』（一九五四年四月号）には

「ハッキリと同性愛を意識しはじめたのは、中學の二年のときで、十四才の私は、一級下のＴという蒼白い美少年に深い愛情を覚え、そのころＴと同級にいた従弟を通じて、彼に求愛したことをおぼえている」

と記載している。

彼が書き残したもののうち、特に目に留まるのがゲイバーに関する記事で、一九五〇年代の戦後ゲイバー創

世期を追っていく場合、かびやの記事を無視することはできない。

そんなかびやが立ち上げた竜陽クラブであったが、会の目的として

「一般世間から異常性欲者と白眼視さえている人たちの横の連絡を図りながら、その□の幸福を招来するため、力を尽くし男性同性愛に関する正しい研究と実践の記録を世に残そうというのが目的」

（「内外タイムス」一九五四年十月十日。※□は判読不明）

と記されている。彼が残した記事を探っていくと、彼が竜陽クラブ立ち上げに際して掲げた目的は現代においてしっかりと果たされているのではないかと思われる。

この竜陽クラブが『ＭＡＮ』第二号を発行した時にはすでに四百四十人の会員数を数えており、少なくともアドニス会よりは大きい規模を誇っていたようである。なぜアドニス会よりも会員数が多かったのかといえば、「内外タイムス」の一九五四（昭和二十九）年十月十日号に「日本で初めての全国的なソドミアの親睦機関」として竜陽クラブが紹介されたためであろう。本来であればアドニス会が日本初のゲイの親睦機関と紹介されるべきだろうが、それについて触れられていないのは、それだけアドニス会の知名度が低かったのであろうか。

新宿区柏木（現在の北新宿周辺）にあった竜陽クラブの本部にはバーや会員同士で宿泊できる設備が併設されていたそうだ。

そもそも会の大きな目的は会報誌の発行ではなく、会員同士の交際の斡旋であり、今でいうマッチングアプリのような役割を果たしていた訳だ。『ＭＡＮ』第二号には「鹿火屋先生の御紹介によって、理想の人と交際することが出来ました。夢のような気がします。」という投書もあり、会が機能していたことがわかる。

同好趣味の会

そして一九五九（昭和三十四）年には大阪を本拠地とした同好趣味の会によって『同性』が発行されている。中心人物は大阪千日前のゲイバー「蘭丸」を経営していたという毛利晴一で、彼の詳細な来歴はわからないが、一九〇八（明治四十一）年頃の生まれだったようである。

当時の会員制ゲイ雑誌やゲイに関する記載があるエロ雑誌を見ると、やはりゲイ同志の出会いを求め合っている傾向が強く、文通はできてもいざ逢おうとなった場合には在住地が遠くて逢えないという現実が常につきまとっていた。そんな時に大阪を中心とした『同性』が刊行されたことは、関西地方の会員同士が実際に逢いやすいという大きなメリットがあった。事務局からの発信を見てみても、積極的に逢うことを勧めているし、事務所を会員に開放して親睦の場として提供するという、フレンドリーで明るい雰囲気が感じられる。

同好趣味の会が発行した『同性』。この後『同好』『清心』と誌名を変更する。

また『ADONIS』と違うところは、会員だけが使用できるホテルやマッチングバーを開業したり、会のPR映画「心のやど」を制作したり、誌面には地元・大阪を中心にゲイバーの広告が掲げられていたり、といかにも商売上手な人物が手掛けた雑誌という印象を受ける。内容も生々しい男色行為の手記ばかりではなく、心が温まるような小話なども記載されており、『ADONIS』とは一味違った誌面づくりだったようだ。

なお、この『同性』は一九六〇（昭和三十五）年に『同好』と誌名を変更したが、一九六二（昭和三十七）年には「ワイセツ文書の販売頒布」「ワイセツ図画販売頒布」二件の罪で大阪浪速署によって手入れを受けることとなる。これは『ＡＤＯＮＩＳ』が手入れを受けた時期と重なっており、『風俗奇譚』（一九六二年六月号）には「捕まった男色クラブ」という記事で、同好趣味の会が取り上げられている。結果的には大阪の簡易裁判所から略式命令が下り、罰金三万円を支払うことで騒動は収まった。このような騒ぎとなったが会は解散することはなく、「この二点（筆者注・ワイセツ図書の販売頒布、ワイセツ図画販売頒布）さへ注意してやっていたゞければ貴会の存続について異論はないとの警察と検察庁の見解でありました」（『同好』四七・四八号）と会員に向けて説明し、会は存続されることになった。

そして一九六八（昭和四十三）年頃には誌名を『清心』と改めている。少なくとも一九七一（昭和四十六）年頃まで『清心』は刊行されており、この時点で三千三百人ほどの会員が確認できるので、日本最大のゲイ親睦会だったと思われる。

ほかにも特筆すべきものとして、一九六四（昭和三十九）年に創刊された薔薇の会の『薔薇』が挙げられる。この『薔薇』は『薔薇族』が刊行される以前に、ゲイ雑誌に薔薇という言葉を使用した最古の例のひとつである（薔薇をゲイと結びつけて使用した初出は、一九六三年に刊行された三島由紀夫の写真集『薔薇刑』といわれる）。この薔薇の会はアブノーマルな性を扱っていた雑誌『風俗奇譚』の編集者だった高倉一が立ち上げたもので、一九六五（昭和四十）年の上半期の時点で六百人以上の会員がおり、一二号（一九六五年六月）を見てみると上質紙のグラビアに男性のセミヌードが印刷されている。また『ＭＡＮ』の主宰だったかびやかずひこが寄稿していたり、男性ヌードの撮影会や旅行会などが積極的に行われており、他の会との差別化をはかっていたのであろう。

これら以外にも一九七〇（昭和四十五）年頃に創刊されたと思われる『緑園』がある。『緑園』はほかにも『黒猫通信』という同人雑誌を発行していたらしく（どんな内容を扱っていたのかは不明）、またゲイやレズ、フェチものの映画や大人のおもちゃの通信販売を行っており、会員と会員を紹介するために手数料を取るなど、いささか商売っ気を感じる。誌面には写真やイラストが掲載されておらず、一九七四（昭和四十九）年に発行された四二号の時点で会員は少なくとも三百五十九人は在籍していたことがわかる。

一九六五（昭和四十）年以降にもなると、すでにゲイ同人雑誌の揺籃期ではなく、内容も編集もしっかりとしている一方で、奥付などがないために正確な実態がよくわからない。それは一九六二（昭和三十七）年に行われたような当局による大規模な捜査を恐れてか、誌面には事務局に関する情報を記さなくなったと推測でき、『薔薇』には「他人に貸したり、譲ったりせずに保管してください」と明記してある。

また後述するが月刊誌『風俗科学』（一九五三年創刊）でも、一九五四（昭和二十九）年にはゲイの交流を目的とした風俗科学研究会を発足させており、この会でも会報『羅信』を発行していた。これらの他にも筆者が把握していない会員制ゲイ雑誌は数多くあると思われ、今後の発掘と研究に期待したい。

ゲイを扱った戦後エロ雑誌の数々

戦後、性の解放が叫ばれた世相の中、多くのエロ雑誌、いわゆるカストリ雑誌が巷に氾濫した。前述の通り、戦前における男色に関する記事のほとんどが、江戸時代以前の男色文化について記載されたもの、または医学的な観点から同性愛を扱ったものに関する記事である。それが戦後になると、リアルタイムなゲイの生態について記載された、興味本位のエロ記事にかわっていく。

それでは、どのような雑誌にどのようなゲイに関する記事が掲載されていったのか、ここで検証していきたいと思う。

『人間探求』の存在

戦後に氾濫したカストリ雑誌の中でゲイに関して取り上げた最初期の記事は、上野の山に立っていた男娼たちの記事であろう。終戦直後のカストリ雑誌での男娼の記事は、読者の興味を書き立てるだけのものであり、特にゲイに関して深く言及した記事はほとんどない。

終戦直後の性の解放のために数多く出版された、得体の知れないカストリ雑誌の濫造が落ち着いた一九五〇（昭和二十五）年に創刊されたのが真面目な性に関する記事と、エロ味を含んだ記事が混在する『人間探究』（第一出版社）であった。

『人間探究』（1951年1月号）。この号には「天国か地獄か 男子同性愛者の集ひ」が掲載された。

そんな『人間探究』は「文化人の性科学誌」というキャッチフレーズを掲げていただけあって、創刊号には神近市子、羽仁説子、高橋鐵の座談会や藤沢衛彦、斎藤昌三などの、その道の名士たちが登場し、号を追うごとに画家の伊藤晴雨や原比露志、南部僑一郎（一九〇四―七五）、矢野目源一らが筆を振るうようになっていく。

　この『人間探究』の大きな分岐点となったのが、創刊から三号、一九五〇（昭和二十五）年八月号の人生相談『相談と回答』に掲載された二通のゲイの投書であったといえる。

　「人にも語る事の出來ない變態性にていくたびか死を選んだかしれません」

という切羽詰まった相談は、現代日本においても我々の胸を打つ。回答者の高橋鐵はそれに対して

　「元來、同性愛というものは、近ごろまでの醫學や心理學では、先天的な異常と斷定し、救いがたい「變態」として見捨てていました。ところが、フロイドが、同性愛というものも決してその人々ばかりにあるものではなく、すべての人に多少なりともその傾向は残っていることを発見しました」

と回答しており、多くのゲイの読者が安堵し、同じ性嗜好の人がいるのだという喜びを感じたことだろう。のちの号には、このゲイの投書を取り上げたことが大変な反響を呼び、全国から大変な数の手紙が届いたことが記載されている。

　そして創刊から八号目の一九五一（昭和二十六）年一月号に座談会「天国か地獄か　男子同性愛者の集い」が掲載されたが、以後、ゲイに関する記事が時折登場するようになる。ゲイに関する記事が毎号ある訳ではないが、それでも当時としては男子同性愛を興味本位の記事ではなく、事実を真正面から受け止めた雑誌はほかになかったのである。

　この「天国か地獄か　男子同性愛者の集い」は画家の伊藤晴雨と性科学者の高橋鐵が中心となり三人のゲイ

が集まっており、一三ページにわたる大特集となっている。緊縛画家として高名な伊藤晴雨が男色に関しても造詣が深く、聞き上手で話が面白い。そして話の流れを汲み取る力に長けているのが人間力の高さを思わせる。一九五一（昭和二十六）年十月号では、伊藤翁自身が若き日に女形と交際していたことをカミングアウトしているので、伊藤翁の男色の知識の深さは座学ではないことがわかる。

そのほかの主な男色に関する記事としては、一九五一（昭和二十六）年十月号に掲載された「対談　同性愛の秘奥を探る」、一九五二（昭和二十七）年五月号掲載の「男色懺悔」、一九五二（昭和二十七）年八月号掲載の「男色秘園　同性愛研究」では、男色に関する内容を大々的に特集している。

前述したように、この『人間探究』にはアドニス会の広告も掲載されており、また人生相談ページではゲイの悩みを積極的に取り上げ、その悩みを解決するための回答を記載するなど、ゲイ専門誌の刊行以前にゲイ雑誌としての一端も担っていたといっていいだろう。

『風俗科学』

『人間探究』がゲイ記事の先鞭を切ったわけであるが、続いて登場したのが「特異風俗の研究誌」を謳い一九五三（昭和二十八）年に創刊された『風俗科学』（第三文庫）である。

この『風俗科学』も『人間探究』と同じように、その当時のリアルタイムの性風俗だけではなく、明治時代以前や世界の性風俗も広く取り上げた印象があり、これだけの紙面を毎月作り上げていたかと思うと頭が下がる思いである。

創刊号ではすでに「特集　男色時代（今や男色は全国を風靡している）」が掲載されており、創刊当初からゲ

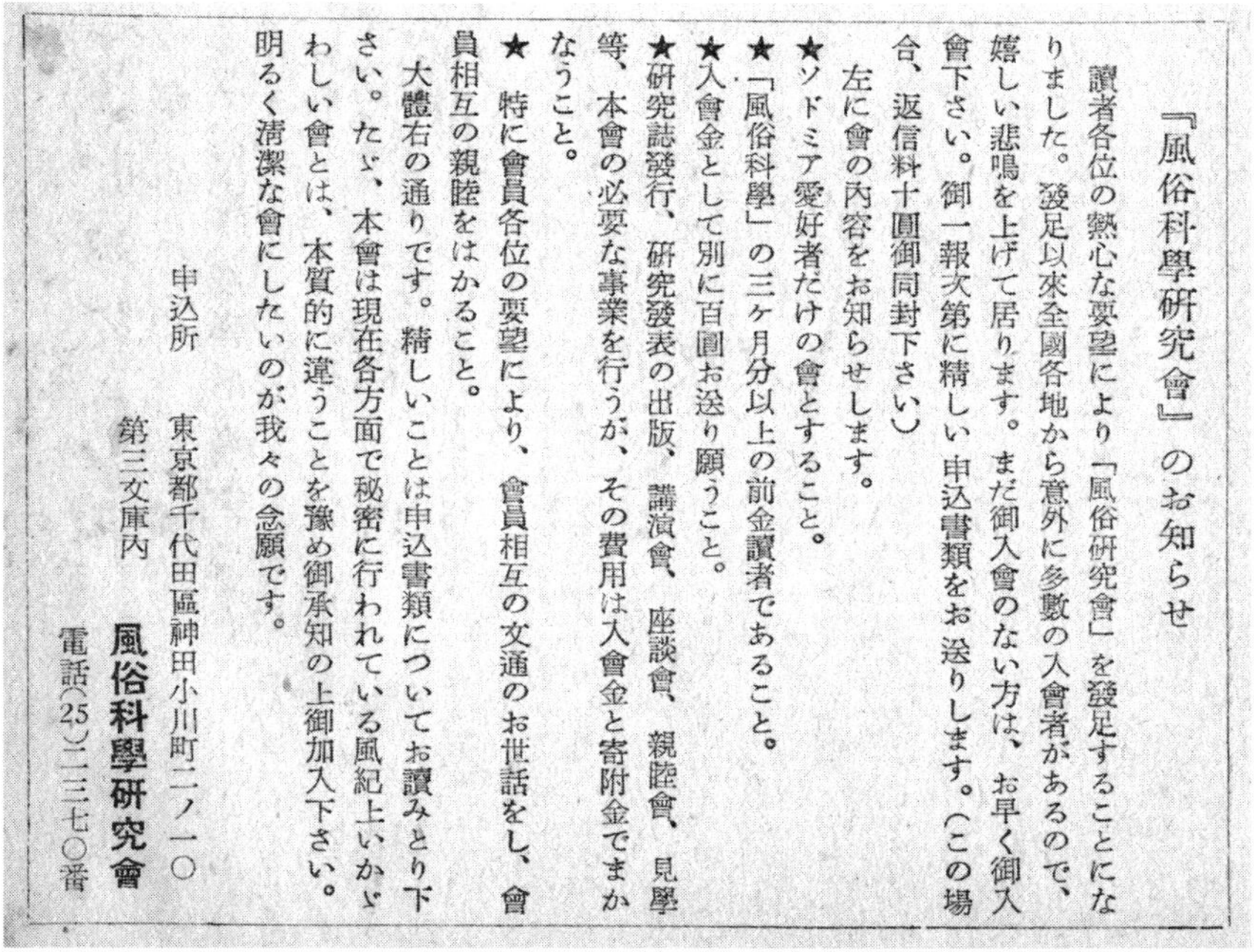

『風俗科學研究會』のお知らせ

讀者各位の熱心な要望により「風俗研究會」を發足することになりました。發足以來全國各地から意外に多數の入會者があるので、嬉しい悲鳴を上げて居ります。まだ御入會のない方は、お早く御入會下さい。御一報次第に精しい申込書類をお送りします。（この場合、返信料十圓御同封下さい）

左に會の內容をお知らせします。

★ソドミア愛好者だけの會とすること。

★「風俗科學」の三ケ月分以上の前金讀者であること。

★入會金として別に百圓お送り願うこと。

★研究誌發行、研究發表の出版、講演會、座談會、親睦會、見學等、本會の必要な事業を行うが、その費用は入會金と寄附金でまかなうこと。

★　特に會員各位の要望により、會員相互の文通のお世話をし、會員相互の親睦をはかること。

大體右の通りです。精しいことは申込書類についてお讀みとり下さい。たゞ、本會は現在各方面で秘密に行われている風紀上いかゞわしい會とは、本質的に違うことを豫め御承知の上御加入下さい。

明るく淸潔な會にしたいのが我々の念願です。

申込所　東京都千代田區神田小川町二ノ一〇
第三文庫內　風俗科學研究會
電話(25)二三七〇番

『風俗科学』（1954年1月号）に掲載された風俗科学研究会の案内。

イの読者をつかもうとする方向性が見て取れる。

なぜ、ここで『風俗科学』を取り上げたかというと、一般誌で初めて毎月「男色特集」欄を設けた月刊誌だったためである。鹿火屋（かびや）一彦や扇屋亜夫などゲイライターの草分けの人物たちが登場し、ゲイに関する蘊蓄や検証、歴史、ゲイ小説のほか、創刊号から「ソドミア通信」を掲載している。

この「ソドミア通信」はゲイ読者の投書欄であり、投書に目を通して見ると「同好の皆さんと文通したい」「貴誌を通じて誰方かと文通出來れば

『風俗科学』（1953年創刊号）。創刊号からすでにゲイに関する記事が掲載されている。

幸いと願っています」などと出会いを求める声が高い。このようなゲイの通信欄は『人間探究』にはないものであった。

またアドニス会が『人間探究』内から起こったように、一九五四（昭和二十九）年春頃にはゲイ研究者であった扇屋亜夫を中心としたゲイオンリーの風俗科学研究会（F・K・K）を発足させている。この風俗科学研究会では機関誌『羅信』も発行していた。

アブノーマルな性癖を扱った『風俗奇譚』

そして『薔薇族』が創刊されるまで、ゲイに関する記事を大々的に扱っていたのが『風俗奇譚』であった。この『風俗奇譚』は一九六〇（昭和三十五）年に創刊されたもので、奥付には編集者として高倉一の名が記載されている。なお、高倉一は一九六四（昭和三十九）年創刊の会員制ゲイ雑誌『薔薇』（薔薇の会）の発行人でもある。

この『風俗奇譚』は、まだ未発展的で医学的な記事が混在している昭和二十年代の『人間探求』『風俗科学』とは違って、ゲイ、レズ、SM、ことに女装に関する記事が多く掲載されている、当時としてはアブノーマルな性癖ばかりを扱った成人雑誌であった。

この『風俗奇譚』はいわゆる「袋とじ」を採用しており、鞭を振るう女王様や縛られた女性とともに、刺青が入ったふんどし姿の男性グラビアや女装した男性の写真などがふんだんに掲載されている。また三島剛や大川辰次のゲイアートなども多く掲載されており、のちのゲイ雑誌の息吹を感じさせるものといえる。

そして特筆すべきものとして、一般発売されたゲイを扱ったエロ雑誌の中で初めて、ゲイアートを表紙に

『風俗奇譚』（1963年8月号）の表紙を飾ったのはトム・オブ・フィンランドのゲイアートだった。

使用した月刊誌だったと思われる。筆者は『風俗奇譚』の全ての号の表紙を確認している訳ではないが、一九六三（昭和三十八）年八月号の表紙がトム・オブ・フィンランドのものである。それまではギリシャ神話の挿絵や、彫刻の男性裸体像の写真などが使用されたことはあっても、ゲイアートが一般成人誌の表紙を飾ったことはなかっただろう。

本誌を紐解いてみると、文通欄がゲイたちの投書で溢れており、出会いの場として機能していたようである。また、本誌にも寄稿している作家の伊集院忍が「伊集院忍ホモ相談所」（住所は新宿二丁目である）の広告を掲載していたり、同じくゲイに関する記事を寄稿しているつぼゐひでをも、新宿二丁目で自らが開業していたゲイバー・ぼんちの広告とともに、カウンセリングルームを開設した旨の広告を出している。

これらの内容を総合的にみると、明らかにアドニス会などの一般に閉ざされた会に入会する勇気がなかった同性愛者たちが手軽に書店で手に取っていただろうことは容易に想像ができるし、会員制の会に入っていなくとも、この『風俗奇譚』はそれとほぼ同等のゲイ活動や情報を得る事のできる誌面づくりである。実際に

「或る日私は裸の本を求めて本屋に行きました。そこで皆様も御存知の〝風俗奇譚〞なる本を見つけ、その中のホモに関する小説を読み、事実こう云う世界があることも知り又、全国に同好の志が多く居ること

を知りました」(『同好』四七、四八号)

という記載も残されている。

それでも一九六四(昭和三十九)年七月からはゲイ専用の会報誌『風奇通信』を発行していたようで、特に三号では「結婚について」が取り上げられて、多くの読者から意見が殺到したそうだ。なお『風俗奇譚』は一九七四(昭和四十九)年十月号まで刊行されたのち、SM専門雑誌『SMファンタジア』と名を変えて存続している。

伏見憲明さんインタビュー

伏見憲明
1963年東京生まれ。慶應義塾大学法学部卒業。
1991年『プライベート・ゲイライフ』で作家デビューし、多数の著作を世に送り出す。1999年からは『クィア・ジャパン』の編集長、2003年には『魔女の息子』で第40回文藝賞を受賞。2013年より新宿二丁目にてバー・A Day In The Lifeを経営。近著には『新宿二丁目』（新潮社）がある。

浅草と芸能

（小針）今日は伏見憲明さんにお話をお聞きするということで、伏見さんが経営されているバーに伺わせていただきました。よろしくお願いします。
今回の本は浅草という場所が一つのキーワードになっているんですが、お目を通していただきまして、どのようにお感じになりましたか？

（伏見）僕は浅草にあまり馴染みがないんですけど、浅草奥山にあった見世物小屋が発展して、六区に興行街が形成されるわけですよね。それはいつ頃のことなんですか？

（小針）大体一八〇〇年代の終わりのことですよね。

（伏見）その当時、興行街があって、東京で一番賑やかな場所だったみたいな感じですか？

（小針）浅草寺もあり、江戸時代に日本橋の方から遊廓が移転することで今の吉原が生まれたわけで、街として栄える要素に事欠かなかったんですね。更に吉原に付随して、新内流しが出入りしたり、お汁粉屋みたいな商売があったり。

（伏見）浅草に初めて映画の常設館ができたのっていつ頃？

（小針）それまで巡業などで映画を観せることはありましたけど、常設館となると明治三十六年に開業した電気館ですね。

（伏見）僕の子どもの頃、まだ映画の巡業やってたよ（笑）

ともかく、明治三十六年にはすでに映画の常設館があったということは、新しいエンターテインメントが浅草に集まって来た感じだったんですね。

（小針）そうですね。常に新しいものが集まっていたんですね。

（伏見）この本の中で、浅草っていうところが、芸能的にいうとちょっと見下されていたイメージであったというように書かれていて、それがよくわからなくて。芸術的ではないっていう意味で？

（小針）まさに、伏見さんがおっしゃる通りだと思います。

この本は大正・昭和の話をまとめたものですが、この時代になると音楽学校が西洋音楽教育に取り組んで、オペラやクラシックの公演を行っているわけです。一方、浅草にもオペラがあって、こちらは台本を改編したり、お笑いに走ったりして、それが楽壇の人々から白い眼で見られたんですよね。

（伏見）そうなんだ。当時歌舞伎なんかの地位はどうだったの？

（小針）歌舞伎は明治天皇の前で演じたことによって地位が向上していて、明治中頃に俳優鑑札制度が生まれたんですよ。

例えば、今私が舞台に立ったら「私は俳優です」と自称できますよね。それが当時は、自治体で俳優鑑札を取得しないと俳優と名乗れなかったんです。納税額によって等級が決められて、一～八等まであったんですね。なかでも歌舞伎役者は一等、二等という等級になっていて、その代わり多額の納税義務が発生したわけなんです。

（伏見） もともと浅草オペラって、帝劇歌劇部の人たちが流れ流れて始めた、と本の中で書かれていたんだけど、浅草オペラに出ていた人たちは何等だったんですか？

（小針） 基本的に八等です。

（伏見） じゃあ、等級の高い俳優たちからすれば、八等って低く見られたって感じですか？

（小針） そうですね、それはあったと思います。

ゲイと浅草の性

（伏見） 小針さんはこの本の中で、一九二三年に起きた関東大震災後の復興の時に労働者が多く流れてきて、その中に多くのゲイがいたって仮説を立ててらっしゃるけど、その前にもいたんじゃない？

（小針） はい、それはもちろんいたと思うんです。ただ、それ以前に浅草のゲイに関する記事がほとんどなくて、関東大震災後になると、例えば山谷に暮らしながら浅草で流しをしている同性愛者がいるというような記事が、続々と登場するようになるんですね。なので、震災以前はいなかったという意味ではなくて。

（伏見） 大体ゲイが大量発生するのは……（笑）密集していて暗くて、男だけが集まるようなところじゃないですか（笑）映画館とか男子トイレとか。木賃宿も男ばっかりで、みんな雑魚寝みたいな感じなら、なんかは起こるよね（笑）

それで、なんかが起こることを目指してそういう人たちが来ることもあるから、震災復興で労働者が増えれば、ゲイの人たちも増えるっていうのも理にかなった話ではあるかなと思います。

それと、それ以前にも多分ゲイの人たちが浅草にいっぱいいたんじゃないかと思うのは、芸能的なもの、ゲイは歌舞音曲が好き、と小針さんも書いていらっしゃるけど、そのような傾向は実際あると思うの、僕は。「ゲイはこうだ」というと本質主義だと批判されがちだけど、少なくとも西洋社会を見ても、オペラ好きだったり、ミュージカル好きだったり、ゲイ独特の傾向があるじゃないですか。例えば、被差別者は現実の生活が厳しいから、夢を見ることで自分の生きにくさを解消するみたいな。そういうことで、芸能的なものに対しての嗜好が生まれるのかなって一瞬思うんだけど。だったらゲイ以外の被差別者がそうかっていうと、そんな話はあんまり聞かない気がするわけ。

そうすると、同性愛とか性別越境とか、そういう欲望を持った人独特の嗜好みたいなのが、僕はあるような気がするのね。そして、芸能の場所にゲイが集まりやすいんだろうなって。

（小針）この本にも書きましたが、かびやかずひこが、なんで浅草にゲイが集まるかっていうことに、芸能界の人たちが浅草に集まるから。特に芸能界の人たちは性癖を隠すどころか、ひけらかす者さえあるというようなことを書き残してるんですよね。

（伏見）そうね。この澤マセロさんが今日でいうところの「ゲイ」「男性同性愛者」だったかはわからないけれども、残っている資料をみる限り相当クィアな人だったことは確かで、写真を見ると白塗りっぽい感じじゃないですか。

（小針）そうですね。

（伏見）これは当時の人からすればどういう感じだったんですかね？　歌舞伎みたいな感じ？

（小針）歌舞伎というよりも、西洋人の顔をつくろうと思っているわけですね。

（伏見）なるほど！　そういう化粧なんだ。女装的な意味での化粧ではなくて、西洋的な顔にしようというような表現だったんですね。

（小針）なので、マセロさんだけでなく、田谷力三さんとかも同じような化粧をしたブロマイドなんかがたくさん発売されてるんですね。

（伏見）田谷力三さんのところも興味深く拝読したんですけど。田谷さんって僕の子どもの頃たまにテレビに出てて、そのおじいちゃんが若い時は王子様キャラっていうか……写真見ると確かにイケメンだし。それでびっくりして、あのおじいさんがそういうことでスターになったっていうのが驚きました（笑）

それは、ファンの人たちっていうのは、どういう人たちだったんですか？　女の子たち？

（小針）女性のファンが多かったと思います。田谷さん。一番最初はファンの方と結婚されています。

（伏見）浅草オペラの田谷さんのファン、澤マセロさんのファンの人たちっていうのは、女学生とかがワーッっていってる感じでもあったんですか？

（小針）そうだと思いますね。学生も多かったと思います。

（伏見）女学生も舞台観に行ったりしてたんだ。書かれていたように、本当に今のアイドルのような感じだったんですね。

（小針）浅草オペラの俳優の平均年齢を出したことがあるんですが、大体二十二歳なんですよね（大正十二年頃）。当時のオペラ雑誌の投書欄なんかを見ても、お若い方たちが読者なんだなっていうのがわかりますね。

（伏見） 男のファンていうのもいたの？

（小針） いますね。例えば、ある男性画家が若い頃に残したスケッチを見たことがあるんですが、そこに浅草オペラの舞台スケッチがたくさん残っていたんですよ。なので、この画家も浅草オペラのファンだったんだなって。

（伏見） じゃあ、浅草オペラに来る人たちは男女たくさんいて、今でいうところの何になるんでしょうね……ジャニーズとかAKBみたいな感じかな？
それから性的な魅力みたいなのが、もう一つの売りだったって書かれてるじゃないですか。たしかに当時の人たちって、まだ女の人でも着物なんかが多かったと思うし、そんな中で薄着になるだけでもエロチックっていうか。

（小針） タイツを穿いて、ダンスをするわけですからね。それと本書にも書いたんですけど、腋毛を見せて競い合ってたっていう……（笑）腋毛が見えるっていうのが当時としてはエロチックに捉えられていた部分もあったようですね。

（伏見） 女の人が腋毛っていうと黒木香さんみたいに……（笑）黒木さんの時代はすでに剃る文化になっていたから、彼女はあえて剃らないっていう一つのエロの記号だったわけだけど。大正時代はそもそも露出がないからですよね。

（小針） 腋毛を見せている浅草オペラ女優のプロマイドもありますよ。

（伏見） へえ！　そう。なるほどね。
そうするとやっぱり、浅草っていう場所は……それまでのプロが性を売る性風俗とは違うけど、性的な場所であったことは間違いない？

（小針）　間違いないと思います。新吉原が近くにありますし、震災前には凌雲閣という展望台がありましたけど、その下には私娼窟が広がっていましたので、非常に性的なものが色濃い場所だったと思います。

（伏見）　やっぱり昔からゲイの人たちっていうのは、全面的に同性愛みたいなのが見えていなくても性的な場所に紛れるような形で存在し、そこに集まってくる。新宿二丁目もそういうところがあったと思うんだけど、浅草なんかもそういう感じだったんでしょうね。

（小針）　新宿二丁目も浅草もそうだと思うんですけど。例えば男の髪結いさんとか、踊りのお師匠さんとか、そういう方にオネエっぽい方が多かったっていうのは話で伺ってますね。

（伏見）　僕の『新宿二丁目』（新潮社）で、南定四郎さんも子どもの頃北海道で、琴の先生がやっぱりオネエな感じで、みんなはそういう人なんだなって思ってたらしいんだけども。結局、芸人とかは農村的な共同体っていうかさ、そういう共同体にいられない人たちの職業じゃないですか。

だって、農村で親から受け継いだ田畑を耕すっていうんだったら、結婚して子どもつくってっていう生活になっちゃうけど。都市で自由に自分の欲望を……ってなると、そういう職業になっちゃう面と、さっき言ったみたいに、なぜかゲイは歌舞音曲に対する嗜好が、本質的なところにあるのではないか説（笑）を考えると、どうしても集まってくる。

（小針）　そうですね。

まぁ、関東大震災以降に余計にゲイが増えるかもしれないけども、それ以前にも相当いた感じでしょうね。

百年前のゲイと今のゲイ

（伏見）多分、これも想像だけど、澤マセロが浅草でティールームをやっていたっていうのは……これは戦前ですか？

（小針）大正十三年ですから、関東大震災直後ですね。

（伏見）僕、とても興味深かったんですけど、英語で〝ティールーム〟っていうと〝ハッテン場〟っていう意味じゃないですか。ティールームっていうのは昔、ハッテン場を意味していたんですよ、隠語として。

（小針）ええ!?

（伏見）これは想像の範囲を出ないんですけど、店名がマセロティールームになってるじゃないですか。その時代もすでにティールームって隠語が英語圏であったのかなって思ったりしたんだけど。そうでなくても、その符合っていうか……、なんか面白いなって。

（小針）そうですか！

（伏見）九四年頃かな。概ね、『薔薇族』っていう雑誌に連載していたんですけど、そのタイトルが「ティールームへようこそ」だったの。
それは、僕が翻訳監修で関わった『ザ・ニュー・ジョイ・オブ・ゲイ・セックス』（一九九三年）っていう、アメリカのベストセラーがあったんだけど。そこに「ティールーム」っていう項目があって、それで知ったんですよ。だから、マセロティールームっていうので、ほー！　みたいな（笑）この隠語を知っていて、こういう名前をつけたのかな、興味深いと思ったんですよよ。

（小針）　私も今回引っかかったのが、マセロさんは「歌劇界のヴァレンチノ」って書かれているんですよ。ルドルフ・ヴァレンチノもゲイといわれているわけですよね。

（伏見）　ちょっと化粧も似せてるよね。

（小針）　アメリカのヴァレンチノがゲイということをわかっていて、マセロさんに「歌劇界のヴァレンチノ」とつけたのかなと。それが気になりました。

（伏見）　なるほどね。僕の世代ですら、戦前ていうのは戦後と違って全く違う社会だった、未開の社会だったみたいな風に思ってたんだけど。調べると「全然そうでもなくね？」みたいな（笑）相当に都会化されて、意外と今と変わんないっていうか。

「ブラックバード」（注・戦前のジャズ喫茶。銀座にあったブランスウィックの前身）の広告のデザインとか、ああいう感性を見ると、そんなに変わってないんじゃないかって。

（小針）　今見てもお洒落でカッコイイですよね。

（伏見）　でさ、九〇年代以降、社会学なんかだと社会構築主義が入ってきて、ゲイっていう主体が近代によって生み出されたという風に説明される。まぁ、そういう説明でも悪くはないと思うんだけど。じゃあその前にはそういう人たちがいなかったかっていうと全然違って、「今とそんな変わんないんじゃない？」って僕は思うわけ。ただ、自分の欲望の輪郭が今ほどはっきりしていなかった。自分はゲイだっていう自己認知は持っていなかったかもしれないけど、自分自身の性的な欲求とかを考えてみても、これが全く言語的に作られているとか、観念によって作られているとはとても思えなくて。そういう欲望を持っている人が昔はいっぱいいたんだなって感じがするわけです。

そうすると、僕はゲイの歴史を調べていて、イプセンのマスターを取材した時（注・イプセン＝新宿二丁目近辺における一番最初のゲイバー）。イプセンのマスターは明治末の生まれで、ちょうど大正時代に性科学（性欲学）みたいなものが日本に入ってきて、同性愛という概念を知ったりすることで悩む人が増えて来たり。イプセンのマスターは、そのような概念が入って来たような時代に思春期を迎えているような人だけど、彼は十代のときすでに広島の呉市にあったハッテン公園なんかに行ってたらしくて「今とどう違うんですか？」と聞いた時に「変わらないですよ」って。僕はそれを聞いた時に「やっぱそうだよな」って思ったんですよ。昔も今もそんなには変わっていない。変わったところもあるかもしれないけど、欲望の解像度が鮮明になったくらいの感じじゃないかなって思っていて。

なので浅草にいた人たちも、そういう欲望を主体的に持っている人が集まっていたんだろうなっていう風には思うんですよね。

それで、ゲイバーの成り立ちっていうのも、戦前は「ゲイ」って言葉もないし、多分そういう嗜好を持った人たちだけで集まるっていう発想も今ほどなかったと思うんだけども。マセロさんがゲイだったとして演劇のお友達なんかが集まって、その中に、今でいう「同性愛者」や「トランスジェンダー」のような人たちがいて、そういう人たちが集まってくる現象はあった可能性はあるだろうなって思いますね。

今も昔もゲイの本質的な嗜好みたいなのは変わらないような気がするって思ってたんだけど、小針さんの本を読んで、ますます「そうなんじゃないか」って核心を深めたっていうか、そんな感じでした。

〝日本的カミングアウト〟と二村定一

（伏見）　サトウハチローの「浅草悲歌」、よくこんな資料を見つけたなって思うんですけど。二村定一とゲイの座談会に参加したっていう。そのことは、本の中でどういう風に書いてあったんですか？

『今夜は面白い所へつれて行きますよ』樂屋でジャズ・シンガーの二村定一が言つた。(略)『こゝで座談會があるのですよ』墓場をぬけて、離室のくつぬぎの所で二村が言つた。はゝア成程。二村式の人物が集まつての座談會かと、僕何だか嬉しくなつた。こゝで諸君にお知らせしておくことは、『二村式の人物』といふことだ。

二村定一は女を愛さない人間である。男と生れて女を愛さない……なんて言へばいさゝか不思議に聞えるが、彼は女よりも、男に對しての方が強く心をひいたり、動かしたり、悩ましたりするのである。(略)『今晩は、おそくなりまして』と、二村が挨拶した。部屋の中にゐた七つ程の顔が、皆な僕達二人に向けられた。思ひなしか、どの人の顔もが變態的に見えるのである。

(浅草悲歌より引用)

(伏見) イプセンのマスターが戦前に松竹にいた時、サトウハチローがいたって言ってんだけど。その取材でたしかマスターから二村定一って名前を聞いた記憶があって。ただ自分が知らないから聞き返さなかったんだよね。本当にマスターが生きている時に小針さんに紹介すれば……マスターが話したかったのは芸能の話だったから。

(小針) そうですよね。川路龍子さんだ、益田喜頓さんだっていう話もありますもんね。

(伏見) 小針さんのお仕事が画期的なのは、例えば社会学なんかやる人とか、僕なんかもそうなんだけど、最初に調べる資料って風俗、性関係ですよね。性関係の雑誌とか、あとはメジャーな新聞とか、検索可能な雑誌とかで調べる訳じゃないですか。だけど、性というものが真っ当に語られはじめたのは八〇年代以降ぐらいで、それ以前は性についてまともに語るようなテーマじゃなかったわけですよね。同性愛に限らず。

（小針）　はい。

（伏見）　だって、八〇年代にSEXで綺麗になるって「anan」で始まって、みんなすごいショックを受けて、えー！みたいな感じだったわけじゃないですか。それで大ヒットしたんですけど。

それまでって、性自体がマイナーでアンダーグラウンドなテーマだったから、メジャーなところに現れるはずがないんですよ。残っているはずがない。

だけど社会学をやる人たちも、僕も、メジャーな検索可能な媒体で調べて、こんなのがあったって、あんなのがあったって、やってきたわけだけど。

小針さんの場合は、芸能にそもそも関心があって、なんでそういう方面にネタが多いんだろうみたいなところから始まったわけですよね？

（小針）　はい、そうです。

（伏見）　その視点って、これまで研究にはなかったものですね。もちろん歌舞伎とか調べたりしている研究者の方もいらっしゃるけど、近代の芸能から同性愛に関してって、ちょっと盲点だったんですよね。

本を読ませていただいて、こんなところに鉱脈があったのか！　と、そういう衝撃を（笑）

（小針）　鉱脈（笑）。今回、二村定一というジャズ歌手の同性愛公表についても書いたのですが、どのようにお読みいただけましたでしょうか。そもそも、本人が書き残すまでもなく、ゲイであることは有名だったのですが。

（伏見）　小針さんは、二村定一さんが同性愛を公言していたと書いているんだが、そこは解釈がいろいろあると思うんです。

僕は二村定一さんの元の記事を読んでいないし、資料を当たっていないんですが。引用で挙がっているものだけを見ると、男の子が好き、男性に対して好感を持っていたりとか、そういうことは書いてあるんだけども、「同性愛」って言葉も「男色」って言葉も使っていないですよね。

（小針）はい、使っていないです。

（伏見）つまり、周到にそこは避けている。

（小針）はぁー！

（伏見）これは非常に面白く、この本を読んでいて改めて考えたんですけど、自分が同性愛の欲望を持っていたり、あるいはゲイとか同性愛とかアイデンティティを持っているとか、全く隠すわけじゃないんだけども、それを匂わせたりとか、友情とか先輩後輩の絆とか、ギリギリ言い訳になるところまで表現するんだけど、周到に核心は避けるっていう、この形式。これって〝日本的カミングアウト〟って仮に名づけたんですけど（笑）

（小針）なんか鳥肌が立ってきました（笑）

（伏見）これって、ずっとある伝統でね。三島由紀夫もそうだし、文化人でゲイをあからさまに匂わせているけども、ゲイだっていうことをはっきり言わない人たちって結構いてね、戦後も。ある声優さんが近年「グレーゾーン」って言ったけど、それってある意味パロディーよね。「グレーゾーン」ってあえて言う。隠せばいいのに、なんか言いたがるっていうか、ギリギリまで言わずにおれないみたいな。これって、ちゃんと比較したわけじゃないんですけど、例えば本当に同性愛の差別が厳しいアメリカとかだと、こんなに用意周到に匂わせながら、でも核心には触れないっていうのって、ちょっとないような気がするの。図らずももれ出ていることはあるにしても。

（小針）　はぁ。

（伏見）　だって見つかったら、本当に石投げられたり、殺されちゃったり、軍隊追い出されたりとかさ。日本って、そういう差別じゃないんだよね。蔑視はあるんだけども。明確な差別というのはあまりなくて、全然ないわけじゃないんだけど……。でも、ずっとそういう伝統があって、これは一体なんなんだろうかって、この二村定一のケースを読んで改めて考えてます。

つまり〝日本的カミングアウト〟っていうのは、人間の中にね、隠したいって気持ち。自分に対してもホモフォビックみたいな嫌悪感もあるし、社会的にも隠さないといけないみたいな状況もあるけど。でも、やっぱり本当の自分を知ってもらいたいとか、なにか残したいっていう気持ちもね、僕はあるような気がするの。そして、人間のコミュニケーションの基本として、誠実さとかほんとのことを大事にしたいって気持ちが普通の人にはあるよね。隠しておけば安全だろうに、なんで証拠を残しておくんですか？　みたいな。そういうカミングアウトのあり方、そういう人間の裏腹というかアンビバレンツな思いが、カミングアウトの形式に現れてるような気がするのね。

だから、二村定一さん、公言もしてたけど隠してもいたみたいな。その微妙な感じ。

僕はね、そういうカミングアウトのありように対して、すごい欺瞞性っていうのを感じて世に出た人間だけれど、今になってみれば時代の限界もあるし、そういう表現のありようも選択肢としてアリだったという風に肯定的に受け止められるようになった。

けど、最初はそういうのに反発があったんですよ。匂わせるだけ匂わせて、全然言わねぇじゃねえかみたいな。だけど、そういう伝統の最初のケース（ひな形）が、二村定一だったのかなって思ったんですよ。

三島由紀夫だってそうなんですよ。言わなくてもいいけど言ってるみたいな（笑）

大体『仮面の告白』も隠すことなく言ってるけど小説（フィクション）という形をとってるわけで。

三島がそのひな形だと思っていたんだけど、二村さんが戦前にいて、それは日本社会の中での力関係とか私的な関係性とか、いろんなものの中でひとつの形ができ上がったんだなって思いました。

浅草のゲイバーと老け専

（伏見）戦後のブランスウィックもそうだけど、浅草にも早々にゲイバーができて、なぜか老け専傾向が。

（小針）浅草で一番最初のゲイバーとされている「玉辰」も、すでに四十代の方たちがやってらしたそうですね。今の四十代とその頃の四十代って全然違うと思うんですよ。

（伏見）そうですよ。僕の若い時八〇年代だって、老け専っていうと四十代くらいが好きな人のことをさしてましたから。

（小針）そうですか、八〇年年代でも！　今の四十代というと全然若いですもんね。

（伏見）一九四五年くらいに四十代っていうと、明治生まれだよね。そうすると、その人たちは戦前の浅草のゲイ文化を知ってるような人たちだったのかもしれないよね。

（小針）可能性としては高いですね。

（伏見）戦前は浅草が中心だったはずだから、その時代にブイブイ言わせてた人が、戦後お年になってから店を始めて、本人たちが老けジャンルになっていたから老け専が集まってきた構造だったのかな。

（小針）そう考えるのが自然なんでしょうかね。

（伏見）終戦直後にゲイバーを始めるって、すごい大変だったと思うんですよ。みんな隠してたと思うし、結婚してる人も多かったと思うんだけど。そういう職業をやるって世捨て人になる、っていうと言い方は悪いけど（笑）そういうところがないと、できない仕事だったと思う。

（小針）はい。

（伏見）九〇年代になったって、「えー、なんでサラリーマンやめてゲイバーなんかやるの？」みたいな時代だったから。そうすると、相当自分のゲイ性に確信を持ってる人たちが始めてると思うんですよね。戦前の浅草にあったかもしれない〝幻のゲイカルチャー〟みたいなものを体験していた人が、浅草でゲイバーを始めた時に結構な年齢だったから、その人たちに老け専ゲイが集まって老け専バーに発展していったのかなって。

（小針）今もそうだと思うんですよね。老けの世代がマスターだったら、大体その年代のお客さんが集まることが多いじゃないですか。

（伏見）ウチは違うけど（笑）
僕はそういう風に思ったんだけど、小針さんもそういう風に？

（小針）そうですね。感覚としては今も昔も変わりないんじゃないかと思っています。

（伏見）なるほど。あと戦後に、新宿とか渋谷とか新しい繁華街が盛り上がっていくから、流行に敏感な若い人たちはそっちに流れていっちゃうし。だから浅草が尖端だった時代の記憶を持った人たちが始めたんでしょうね。

（小針）玉辰よりも後におきよというバーが開店したわけですよね、エヴァ・ガードナーが来店したという。そこのママも元は女形だったといいますし、湯島の曾我廼家市蝶も女形だったわけで、芸事の経験者にとって浅草・

上野周辺はより親しみ深い場所だったんだと思うんです。

（伏見）湯島を始めた曾我廼家市蝶と二村定一の関係とかも興味深いね、満洲で。

（小針）益田隆という日劇などに出演していたダンサーがいたんですけど、彼も一緒に満洲にいたって書いていますね。

（伏見）あきれたぼういずっていうのは浅草花月で戦前に人気を博していて。イプセンのマスターもそれがらみだったと思うんですけど、そこで益田喜頓と知り合って劇団を旗揚げしたんだそうです。だから、浅草が中心だったんですよね。

（小針）あきれたぼういずっていうのは解散騒動の後に、吉本から新興演芸部の専属になったんですね。新興というのは松竹の傘下だったので、そこがイプセンのマスターと益田喜頓さんの一番最初の接点だったのかもしれませんね。

（伏見）それで地方巡業に行って、静岡で終戦を迎えたって言ってたんだよね。

（小針）貴重なお話ですね。

（伏見）まあ、それで益田喜頓一座が解散して、それ以来イプセンのマスターは芸能界に戻ることはなかった。本当は戻りたかったと思うんだけど、バーをやって時間の余裕のあるときに脚本を書こうと思って店を始めたらしいんですけど。結局始めたらできなくなっちゃって。それで「店始めたら書くことができなくなっちゃうよ、伏見君」みたいなことを、バーを始める時に言われたんですけどね。実際、そうだった（笑）。

（小針）イプセンのマスターは朗らかな感じの方だったんですか？

（伏見）なんか愛想のない人だよねって、ほかにもマスターを知る人が言ってたけど。たしかにあんまり愛想はなく、全然オネエではないんですけど。でも、すごい頭のいい方で、僕の取材に答えてくれたことに全く記憶違いがなくて、あとで裏を取ったときに。

（小針）そうでしたか。

（伏見）取材するときにテープは嫌だって。メモも嫌がったの、最初。なかなか取材させてくれなかった。だから少しずつ近づいて、口を割らせるみたいな（笑）そんな感じだったですね。

（小針）伏見さんが著書『ゲイという［経験］』に、「九十代の方とデート」みたいなことを書かれていたんですけど、それはイプセンのマスターだったんですね。

美空ひばりと性別越境

（伏見）小針さんのお仕事で僕が関心するのが、ちゃんと資料を当たっている。普通の人じゃ発掘しないような資料を探し当ててる。そして、ちゃんと取材をしているところが素晴らしいと思う。

（小針）いえいえ、ありがとうございます。

（伏見）小針さんはもともと、芸能に興味を持ち始めたのは美空ひばりさんがきっかけだったとおっしゃっていて。僕は世代じゃないので、そこまで詳しくなく……でも、ここに書かれていたことを読むと、たしかに僕が観た映画の中でも男役をやっていて、なんでだろうな？　って。

（小針）　はい。

（伏見）　つまり、美空ひばりはアイドルだったわけじゃないですか、普通に今の感覚でいうと……。例えば松田聖子とかがアイドルで人気を博しても、森の石松やらないよね（笑）って思うじゃないですか。なんで、わざわざ男役をやったんだろう、みたいな。でも、この本を通じて、芸能と性別越境みたいな欲望の関係を考えてみると、美空ひばりさんがゲイの人にものすごい人気があって、そういう性別越境の魅力っていうのがあったんだろうなって。その辺はどのように解釈してらっしゃるんですか？

（小針）　ひばりさんが男役を演じた一番最初の理由が、声変わりの時期を上手く乗り切るためにお母さん（加藤喜美枝さん）が男役をさせた、といわれているんですね。しかし、ひばりさんは『悲しき口笛』という一番最初の主演映画ですでに男の子役をやられてるんです。

（伏見）　そうなんだってね。

（小針）　なので、美空ひばりという人の芸歴を見てみると、スタートの時点から性別越境が含まれていて、スターになっていったんですね。

（伏見）　日本の芸能史、それこそ歌舞伎にしてもそうだけど、昔から性別越境の魅力っていうのが不可分な要素として存在している。その流れの中に、一番メジャーな美空ひばりさんも位置しているということがわかった。美空ひばりという大スターを歴史的に刻む要素として「男役」が必要だった、と小針さんは思いますか？

（小針）　すごく思います。ひばりさんご自身が「自分は男役に自信がある」っておっしゃっているので、仕事として演じさせられているのではなく、ご自身がお好きで、自信を持って男役を演じられていたんですよね。

（伏見）ファンの人たちはどうなんですか？

（小針）ファンとしても、ひばりさんの男役は大好きですよね。闇太郎、森の石松、弁天小僧菊之助……。

（伏見）美空ひばりさんて女性のファンが多かったのかな？

（小針）はい。当時も女性ファンの方が多かったようですし、今も多いですね。

（伏見）セクシー系の記号とはまた別に、性別越境的な魅力、色気みたいな。そういうものが美空ひばりさんにはあったんですね。
　なんで日本人は性別越境が好きといわれるんでしょうね。

（小針）不思議ですよね。

（伏見）例えば、英語であったら「私」って男でも女でも「I」だけど、日本の場合は主語が性別によって違ったりするじゃない。同じのもあるけど。
　男歌と女歌みたいな、男が主語の歌と女が主語の歌があって、ひばりさんは『柔』とか男が主語の歌も唄ってるよね。
　逆にムード歌謡のように、いい大人の男が「♪わたし祈ってます」みたいな。女の歌を唄うのも不思議じゃないですか。
　単純なフェミニストなんかからすると、自分の都合のいい女性像を男が勝手に妄想している、みたいな話になるんだけど。僕はそういう風に思ってなくて。女歌を唄うのってちょっとトランスジェンダーの感覚だと思うのね。つまり、そういう女性が好きってより、そういう女性になりたいっていう欲望だと思うんですよ。
　で、なんか日本の文化の中には、そういう男になったり女になったりする、性別越境の欲望っていうのが本当に津々浦々まで実はあって、そういう中で宝塚歌劇なんかが出たり、歌舞伎が生まれたり、美空ひばりさんが登場したり。

終戦直後とは言い難いけど、高度成長期よりも早い一九五〇年代くらいに丸山明宏さんがデビューしているわけじゃないですか。例えば、欧米とかだと、セクシーな歌手が多いと思うんだけど、

（小針）マリリン・モンローとか。

（伏見）そうそう、モンロー的なものが多いと思うんだけど。日本ってセクシーよりも性別越境する時の……男の中の女の色気とか、女を演じている時の男の色気とか、そういう味わいが日本人のツボなのかなっていう感じがしますよね。

（小針）例えばアメリカの方だと、性別越境をすることでスターとなった人って少ないんですか？

（伏見）そんなメジャーな中にいるのかなぁ。強い女、マドンナみたいなのはいるけど。あっ、でも、ガルボとかディートリッヒとかは多少そういう趣があるかもしれない。

（小針）たしかに。

（伏見）ただ、マツコみたいなオネエキャラに関して言うと、アメリカにはディヴァインとかスターはいるけど、メインストリームではないわけじゃん。でも、マツコって、もはやメインストリームじゃない。

（小針）そうですよね！

（伏見）不思議ですよね。性別越境のスターたちが中心にいる、みたいな。雪村いづみさんは違うような気がするん

だけど、江利チエミさんって男役やってる？　いや、サザエさんか（笑）

（小針）映画の中で少しやってはいても、基本的にお二人はやってはいないですよね（笑）

（伏見）じゃあ、やっぱりひばりさんなんだね。それもすごく面白いですね。意外と宇多田ヒカルなんかもそうじゃないですか、本人がノンバイナリーって言ってるし、歌の主語が「僕」とか。宇多田ヒカルって浜崎あゆみと比べると、ちょっとクィアな感じっていうか。

（小針）見た目もどちらかというとボーイッシュな感じですよね。

（伏見）そうだよね。本人がそうかどうかはともかく、高倉健とか、男っぽい役者の中に変態的なものを重ねて見る欲望もあるじゃないですか。その辺が、日本人が欲する芸能の中に、そういう欲望が埋め込まれているから、芸能という場には必然的にそういう人たちが集まり、そういう主体が生み出されていく、みたいな構造になっているのかなと思いました。

面白いなと思ったのは、丸山明宏の後追いみたいな人は当時まだ出なかった。早すぎちゃった。カルーセル麻紀さんとかもっと後だし。

（小針）そうですね。大体二番煎じみたいな人が登場するんですけど、さすがに丸山明宏さんの時は他のレコード会社からシスターボーイ歌手みたいな人は出ていないですね。

（伏見）ピーターさんに関してはカルーセル麻紀の二番煎じだったのかな？　位置づけ的に。

（小針）また別じゃないですかね？　映画『薔薇の葬列』を見ていたら、「丸山明宏とカルーセル麻紀、どっちが好き」って台詞があったんですけど、それで、あ、この二人が二大巨頭だったのかなって思ったことがあって。

（伏見）　だけど時代が少し違うよね。まぁ、今の美輪さんからみると丸山明宏も当初は別に女装していたわけでもなく、着流し程度。着流しだって『ヨイトマケの唄』（一九六五年）の頃だもんね。

（小針）　そうですね。写真を見ますと、デビュー当時はマンボズボンにショートカット、簡単な化粧している程度ですもんね。

（伏見）　そして『紫の履歴書』が一九六八年に出ていますよね。僕『新宿二丁目』でも書いたけど、カウンターカルチャーと同性愛、性別越境も含めて、そういうものとの関わり。つまり六〇年代後半のカウンターカルチャーっていう時代性、その時代の欲望っていうものが、また一つの扉を開いている。その流れの中で、カルーセル麻紀さんとかピーターさんが出てきていて、美輪さんも『紫の履歴書』でカミングアウトするわけで。ただ、性別越境の方が可視化されやすい、見た目でわかるから記録に残りやすい。けど、同性愛の方は見た目ではわからないじゃないですか。ほとんどの人は。

（小針）　はい。

（伏見）　だから記録に残りにくいところがあって。かといって、記録に残ってないから、じゃあなかったのかっていうと全然違うわけで、そこの落差を埋めないといけないですよね。

最後に

（伏見）　それから、僕も何度も読んでるんだけど、『アドニス』や『ＭＡＮ』ね。以前に読んでるはずなんだけど、そこでシベリア抑留の話とか、すごく感動して（笑）こんなの載ってたっけ、みたいな（笑）

たしかに、そういう極限状態で同性しかいなくて、ひとつのパンを分け合うみたいな中では、きっとそういうことがいっぱいあったんだろうと。それはファンタジーだけではなくて、リアルなものが小説の中に写し出されているんだろうなと。

（小針）会員制のミニコミ誌だからこそ残されていた証言、記録だと思うんですよね。

（伏見）そうね。

（小針）よく考えたら、抑留されていたのは十代後半から二十代の青年がたくさんいて、食欲も旺盛ですけど性欲も旺盛なわけじゃないですか。すると必然とそういうことが起きますよね。

（伏見）そうそう。刑務所とか軍隊、ましてやシベリアでいつ死ぬかわからないところだから、そこかしこでいろいろあっただろうと。

（小針）はい。

（伏見）小針さんがそこにスポットを当てたことで、終戦記念日に同期会とかで靖國神社に集まっていた人の中にも、大変な苦労を共にしただけじゃない絆みたいなのがあったんだろうな、とか。怒られるかもしれないけど。それは感動しましたね。

（小針）その感動される感覚、わかります。伏見さんのお話を伺えて、私も考えなければならないテーマが増えたような気がしました。

今日はありがとうございました。

（二〇二二年二月一日　新宿二丁目　A Day In The Life にて）

あとがき

私は今まで芸能関係や花柳界関係に関する書籍を執筆して来たが、それらの歴史を追っていく中で、必ずぶつかるのが「ゲイ」「同性愛者」という存在であった。

ことに私は多くの昭和の芸能人と交流させていただいてきたが、いつも飲みながら「若い頃どんなところで遊んだんですか?」と尋ねると、銀座の「青江」「やなぎ」、池袋の「グレー」、新宿二丁目「クラウン」「僕んち」、歌舞伎町「狸御殿」、六本木「プティーシャトー」などのゲイバーの名前が飛び出すことがかなり多かった。昭和芸能の研究がライフワークの私は、「昭和の芸能人たちはどこで遊んだか」も記録していかなければいけないな……と思ったりもしていた。

そこで昭和のゲイバーに関する資料を当たり、取材を進めていくうちに、多くの芸能人がゲイバー遊びをする傍らで、複数のゲイバーのママたちが芸能人のパトロンとして芸能人たちのプライベートを支えていたことを知り、改めて芸能とゲイカルチャーの縁の深さを想い知ったのであった。

今回、執筆する中で、二〇一九年に『新宿二丁目』(新潮社)を上梓された、作家でありゲイバーの経営者でもある伏見憲明氏にゲイバーやゲイカルチャーに関する歴史についてご教示を賜ることができたことは、心の支えとなったし、伏見氏の助言や協力なくしてこの本の完成はあり得なかった。また伏見氏のお取り計らいで、「吉野のママ」こと吉野寿雄さんにお目にかかれたことは私の人生の宝物ともなった。

そして私が普段から私淑する、芸人N氏は、異性愛者でありつつも、ご自身が一九六〇年代から親しんできたゲイバーの様子やゲイボーイたちについて伺わせていただき、しかも快く語ってくださった。

資料だけを羅列した書籍が多い中、このように昭和三十年代からのゲイバーの様子を知る先人たちから生の声を伺うことができ、その言葉の数々を本文中に記すことができたことは、幸運以外の何物でもないと思う。

また今回の時代区分としては、戦前から昭和四十年頃と決めて執筆を行ったが、今までの類書で使用されることがなかった日本における近代のゲイの歴史に関する書籍、雑誌類を、できる限りの力を尽くし発掘・蒐集、本書に反映させた。改めて、近代におけるリアルタイムのゲイの生態について記録された記事が少ないことを思い知らされたが、今後のゲイの歴史研究者のヒントになれば幸いである。

それにしても二〇二〇年から書き始めた本書、コロナウイルス禍の渦中と重なったことで図書館も思うように使用することができなかった。そんな中にあって貴重な資料をスムーズに蒐集できたのも、長年の古書収集癖がここに来て役立ったようでありがたかった。その点については過去の自分に感謝すべきなのかもしれない。

ほかにもたくさんの方から貴重なお話を伺わせていただいたが、公にカミングアウトをされていない方もいらっしゃることから、実名を挙げての感謝の辞は控えさせていただきたいと思う。

また私の活動や研究をいつも見守ってくださっている、えにし書房の塚田敬幸社長にも感謝申し上げたいと思う。

皆様、本当にありがとうございました。

参考文献

伏見憲明『新宿二丁目』新潮社、二〇一九年
伏見憲明『ゲイという［経験］』ポット出版、二〇〇四年
三島由紀夫『禁色』新潮社、一九五一年
丸山明宏（美輪明宏）『紫の履歴書』大光社、一九六八年
小沢昭一『私は河原乞食・考』三一書房、一九六九年
サトウハチロー『淺草悲歌』成光館書店、一九三二年
佐藤八郎（サトウハチロー）『エンコの六』内外社、一九三一年
安藤更生『銀座細見』春陽堂、一九三一年
時事新報社会部『東京食名物食べある記』正和堂書房、一九二九年
安井笛二『大東京うまいもの食べある記 昭和十年版』丸之内出版社、一九三五年
酒井潔『日本歓樂郷案内』成光館書店、一九三一年
原比露志『寝室の美學』風俗資料刊行會、一九三二年
添田啞蟬坊『淺草底流記』近代生活社、一九三〇年
森本敏克編著『SPレコードのアーティスト』六甲出版、一九九七年
松竹株式会社『松竹七十年史』（非売品）一九六四年
色川武大『寄席放浪記』廣済堂出版、一九八六年
榎本健一『喜劇こそわが命』栄光出版社、一九六七年
草間八十雄『女給と賣笑婦』汎人社、一九三〇年
小生夢坊、三楽流子、小ぐら生『女盛衰記 女優の巻』日本評論社出版部、一九一九年
藤田五郎監修『日本の親分グラフィティ――大前田英五郎から田岡一雄まで』三和出版、一九八六年
三橋順子『女装と日本人』講談社現代新書、二〇〇八年
富田英三『ゲイ』東京書房、一九五八年
角達也『男娼の森』日比谷出版社、一九四九年
妹尾河童『少年H 上巻』講談社、一九九七年
松倉久幸『歌った、踊った、喋った、泣いた、笑われた。』ゴマブックス、二〇〇二年
唐十郎『わが青春浮浪伝』講談社、一九七三年

曾我廼家桃蝶『芸に生き、愛に生き』六芸書房、一九六六年
『別冊一億人の昭和史　日本のジャズ』毎日新聞社、一九八二年
永田哲朗編『日本映画人改名・別称事典』国書刊行会、二〇〇四年
黒柳徹子『チャックより愛をこめて　おしゃべり倶楽部』文藝春秋、一九七九年
武内眞澄『獵奇近代相　實話ビルディング』宗孝社、一九三三年
岩田準一『男色文献書志』古典文庫、一九五六年（非売品）
田中香涯『江戸時代の男女關係』博文閣出版部、一九二九年
花房四郎『男色考　全』文藝資料研究会編輯部、一九二八年
下川耿史、田村勇、礫川全次、畠山篤『女装の民俗学──性風俗の民俗史』批評社、一九九四年
小田切秀雄、福岡井吉 編『昭和書籍雑誌新聞　発禁年表　上』明治文献、一九六五年
流山竜之助『エロ・グロ男娼日記』三興社、一九三一年
長谷川卓也『猥色文化考──猥雑物公然陳列』新門出版社、一九八〇年
橋本与志夫『日劇レビュー史──日劇ダンシングチーム栄光の50年』三一書房、一九九七年
広岡敬一『戦後性風俗大系──わが女神たち』小学館文庫、二〇〇七年
太田典禮『第三の性──性の崩壊？』妙義出版、一九五七年
松村喜彦『残虐犯罪史』東京法経学院出版、一九八五年
永六輔『極道まんだら』文藝春秋、一九七一年
吉村平吉『実録・エロ事師たち』立風書房、一九七三年
吉村平吉『吉原酔狂ぐらし』三一書房、一九九〇年
青江忠一『地獄へ行こうか　青江へ行こうか』ぴいぷる社、一九八九年
かびやかずひこ『夜の異端者』南旺社、一九五八年
兵庫縣防犯研究會『捜査と防犯』兵庫縣防犯研究會、一九三七年
高見順『浅草』英宝社、一九五七年
『大東京寫眞帖』忠誠堂、一九三〇年
高岡辰子『照葉手記　黒髪懺悔』中央公論社、一九三四年
川端康成『浅草紅団』先進社、一九三〇年
江戸川乱歩『一寸法師』江戸川乱歩全集第2巻、講談社、一九六九年
野一色幹夫『浅草』富士書房、一九五三年

『メケメケ・まめまめ』（一九五八年）のパンフレット
酒井潔『巴里上海歓樂郷案内』竹酔書房、一九三〇年
澤田順次郎『神秘なる同性愛天下堂書房、一九二〇年
宮武外骨『半男女考』半狂堂、一九二二年
伊藤松雄『半男半女物語』万里閣書房、一九三〇年
『昭和書籍雑誌新聞 発禁年表 上』明治文献刊行、一九六五年
アリベール『同性愛の種々相』花房四郎訳、文芸市場社、一九二九年
永井荷風『断腸亭日乗』（青空文庫）
田村泰次郎『肉体の門』風雪社、一九四七年
三島由紀夫『仮面の告白』一九四八年
清川虹子『みんな死んじゃった』双葉社、一九九九年

雑誌
『ADONIS』各号、アドニス会
『同性』『同好』『清心』各号、同好趣味の会
『MAN』二号、竜陽クラブ、一九五四年
『薔薇』一二号、薔薇の会、一九六五年
『人間探究』各号、第一出版社
『あまとりあ』各号、あまとりあ社
『風俗科学』各号、第三文庫
『風俗草紙』各号、日本特集出版社
『風俗奇譚』各号、文献資料刊行会
『オペラ』各号、活動倶楽部社
『中央公論』一九三一年一月号、中央公論社
『朝日ソノラマ』一九六二年十一月号、朝日新聞社
『犯罪實話』一九三二年一月号、二月号、駿南社
『實話時代』一九三一年十一月号、一九三二年十一月号、實話時代社
『改造』一九三二年四月号、改造社

『犯罪公論』一九三一年十一月号、四六書院
『食道樂』一九三〇年六月号、食道樂社
『犯罪科學』各号、武侠社
『眞相實話』一九四九年十二月号、眞相實話社
『浅草』第一号、浅草の会、一九五一年
『風俗画報、浅草公園之部、中』一八九七年四月増刊号、春陽堂
『月刊読売』一九五〇年十月号、読売新聞社
「読売新聞」一九三三年二月二十日付、一九五七年九月十三日付
『日本週報、ダイジェスト版』一九五八年二月号、日本週報社
『週刊事件実話』一九六〇年十二月十五日号、日本文芸社
『新聞街』一九四七年十二月号、さくら文化社
『QUEER JAPAN』二〇〇一年九月号、勁草書房
『SAMSON』一九九七年六月号、海鳴館
『現代ロマンス』一九五〇年十一月号（出版元記載なし）
『デカメロン』一九五四年二月号、全日本出版社
『日本及日本人、男性美』一九二〇年秋季増刊号、政教社
『怪奇雑誌』一九五〇年十二月号、創文社
『講談雑誌』一九二七年十二月号、博文館
『レヴユウ新雑誌、お姫さま』一九三七年一月号、プリンセス社
『彷書月刊　特集・アドニスの杯』二〇〇六年三月号、彷徨舎
『経済往来』一九三五年三月号、日本評論社
『劇』一九三〇年七月号、國際情報社
『月刊エノケン』一九三四年十月号、月刊エノケン社
『奇譚クラブ』曙書房、一九四八年「ソドミイの壺」
『健康時代』一九三三年一月号、實業之日本社
『グロテクス』一九三〇年一月号、文芸市場社
「内外タイムス」一九五四年九月十二日付
「モダン・ロマンス」一九三五年四月号、流行の王様社
『セイシン・リポート』三三号、一九六二年、日本生活心理学会

索 引〈事物・ほか〉

索 引〈人物〉

《著者紹介》

小針侑起（こばり・ゆうき）

1987年栃木県宇都宮市出身。近代芸能史研究、浅草オペラ研究。TV、ラジオなどのメディア出演ほか、執筆、シンポジウム講師、時代考証などを中心に活動。

著書に『あゝ浅草オペラ　写真でたどる魅惑のインチキ歌劇』（えにし書房、2016年）、『大正昭和美人図鑑』（河出書房新社、2018年）。共著に『浅草オペラ　舞台芸術と娯楽の近代』（森話社、2017年）、『戦争と芸能　そのとき、どんなことが起きていたのか？』（扶桑社、2022年）など。

浅草芸能とゲイの近代史
文化の伏流を探究する

2022年 7月20日 初版第1刷発行

■著者　小針侑起
■発行者　塚田敬幸

■発行所　えにし書房株式会社
〒102-0074 東京都千代田区九段南 1-5-6 りそな九段ビル 5F
TEL 03-4520-6930　FAX 03-4520-6931
ウェブサイト　http://www.enishishobo.co.jp
E-mail　info@enishishobo.co.jp

■印刷／製本　株式会社 厚徳社
■ DTP ／装丁　板垣由佳

 ISBN978-4-86722-109-9 C0076